Mark Mathew Braunstein

MicroGreen Küchengarten

MICROGREEN KÜCHENGARTEN

Sorten – Aufzucht – Rezepte

Mark Mathew Braunstein

Aus dem Amerikanischen von Anja Schmidtke

SILBERSCHNUR VERLAG

Titel der Originalausgabe: »Micro Green Garden. Indoor Grower's Guide to Gourmet Greens.«

ISBN: 978-3-89845-612-8

1. Auflage 2020

Übersetzung: Anja Schmidtke
MicroGreen-Fotos: Mark Mathew Braunstein
Gestaltung & Satz: XPresentation, Güllesheim
Umschlaggestaltung: XPresentation, Güllesheim; unter Verwendung verschiedener Motive von © Geshas, © grzejan, © K321, © TWINS DESIGN STUDIO, © sarocha wangdee, © MShev, © NewFabrika, www.shutterstock.com
Druck: Finidr, s.r.o. Cesky Tesin

Verlag »Die Silberschnur« GmbH · Steinstr. 1 · 56593 Güllesheim
www.silberschnur.de · E-Mail: info@silberschnur.de

Inhalt

Danksagung

Dieses Buch ist für Menschen, die zu Hause selbst einen Microgreen-Garten anlegen möchten. Beim Schreiben habe ich auf das Fachwissen professioneller Erzeuger zurückgegriffen. Mein Dank geht an Lauri Roberts von Farming Turtles Microgreens in Exeter, Rhode Island. Lauri führte mich freundlicherweise durch ihre Microgreen-Farm und zeigte mir, wie man günstig, einfach und sauber Microgreens ziehen kann.

Die Idee, Sonnenblumensprossen zu ziehen und zu essen (mehr dazu in Kapitel 8), hatte erstmals Viktoras Kulvinskas, Mitgründer des Hippocrates Health Institute und Autor vieler Bücher über rohe Lebensmittel, Sprossenzucht und natürliches Leben. Eine knappe Generation nach Viktoras' erster Ernte haben die meisten Nordamerikaner schon einmal von Sonnenblumensprossen gehört, viele haben sie schon einmal gegessen, manche haben sie sogar auch schon gezüchtet. Im Namen der Sprossenzüchter und Microgreen-Anbauer weltweit und auch in meinem eigenen Namen, denn ich bin einer seiner inspirierten Leser und sein stolzer Freund, spreche ich ihm hier meine aufrichtige Dankbarkeit aus. Herzlichen Dank, Viktoras!

Vorwort

Eine neue Welt erwartet Sie. Sind Sie bereit?

Seit Jahrhunderten baut der Mensch verschiedenste Pflanzensorten als Nahrungsmittel an. Traditionell kultivieren wir sie in Außengärten oder Pflanzenzuchtbetrieben, bis sie ihr Reifestadium erreicht haben. In jüngerer Zeit begannen gesundheitsbewusste Menschen dann, Sprossen aus Saatgut zu ziehen. Nahrhaft und vollwertig, lassen sich Sprossen ganz einfach drinnen züchten, sogar im Dunkeln, und sie brauchen dafür nur warme Luft und frisches Wasser.

Der neue Trend heute sind Microgreens. Als junge Keimlinge von Gemüse, Kräutern, Bohnen und Kernen brauchen Microgreens etwas länger zum Wachsen als Sprossen und benötigen sowohl Erde als auch Sonnenlicht, aber die zarten Greens sind daher reich an gesunden Phytonährstoffen und Chlorophyll.

Neben ihrem außergewöhnlich hohen Nährwert erfüllen Microgreens auch unseren Wunsch nach möglichst frischer Nahrung. Dutzende bekannte Kulturpflanzen lassen sich als Microgreens ziehen, die Sorten begeistern mit vielfältigen Farben und Aromen. Tatsächlich sind Microgreens ein Augen- und Gaumenschmaus zugleich. Ihre Herstellung ist wohl die einfachste überhaupt, und man isst sie am besten roh und unverfälscht. Milde Microgreens machen sich aber auch gut in Salaten und anderen pflanzlichen Gerichten, während würzige Microgreens wie Rettich oder Senf mit neutraleren Microgreens vermischt oder als Zutat für mehr Würze oder Schärfe verwendet werden können.

Wenn Sie die Kunst der Sprossenzucht bereits beherrschen (aber auch, wenn nicht), ist der Schritt zum Microgreen-Anbau ganz einfach. Einen grünen Daumen brauchen Sie dafür nicht – allerdings Geduld und Ausdauer. Aber am Ende werden Sie wahrscheinlich feststellen, dass die Pflege Ihres Microgreen-Gartens eine Freude und keine Last ist. Seien Sie gut zu Ihren Microgreens, und sie werden gut für Sie sein. Ein toller Gratis-Vorteil des Microgreen-Anbaus ist übrigens, dass die Pflanzen die Luft mit Sauerstoff anreichern und reinigen. Der Raum, in dem Sie Microgreens ziehen, wird frisch

duften, und auch wenn Sie sich daran gewöhnen und es irgendwann gar nicht mehr bemerken, wird es Ihren Gästen und Besuchern ganz sicher auffallen.

Die folgenden Kapitel enthalten ausführliche Informationen und detaillierte Anleitungen, die Sie in eine appetitliche, nahrhafte neue Welt entführen werden. Ich wünsche Ihnen eine Zukunft voller Microgreens und eine allzeit reiche, wunderbare Ernte!

1

Einen Microgreen-Garten anlegen

Wo Sie auch leben oder welche Jahreszeit gerade ist – Sie können erfolgreich Microgreens ziehen. Mit Ihrem eigenen Anbau haben Sie das ganze Jahr über selbst gezogene, frische und köstliche Bio-Microgreens zur Verfügung. Alles, was Sie zum Anlegen Ihres Gartens brauchen, sind Saatgut, Erde, Wasser und ein sonniges Fenster oder Wachstumslampen. In Kapitel 2 bis 4 erfahren Sie alle Einzelheiten hierzu.

Gesunde Greens

Microgreens sind wahre Nährstoffbomben. Bisher liegen zwar noch nicht viele Forschungen über ihre Nährstoffe vor, aber Microgreens werden immer wieder mit Sprossen verglichen, die ja bekanntermaßen richtige Kraftpakete sind. Microgreens haben nicht den Vitamin- und Mineraliengehalt von Sprossen, enthalten aber hohe Mengen an Chlorophyll und Phytonährstoffen, weil sie nicht wie Sprossen bei Dunkelheit, sondern bei Licht gezogen werden.

Unter Einwirkung von Licht bilden Keimlinge Chlorophyll. Als Nährstoff hat Chlorophyll antiseptische und entzündungshemmende Eigenschaften, die offenbar auch vor einigen Formen der Anämie schützen oder sie sogar heilen.

Phytonährstoffe sind Substanzen in Pflanzen, die die Gesundheit fördern, Krankheiten vorbeugen und helfen, Erkrankungen (darunter auch Krebs) zu heilen. Am konzentriertesten sind diese schützenden Nährstoffe in der großen Pflanzengruppe der *Brassica* anzutreffen, zu der Brokkoli, Kopfkohl und Grünkohl zählen. Pflanzen produzieren Phytonährstoffe, um sich vor Umweltstressoren und Krankheiten zu schützen – und wenn wir Pflanzen zu uns nehmen, nutzen diese Substanzen zum Glück natürlich auch der menschlichen Gesundheit.

Der beste Zeitpunkt zum Ernten

Microgreens sind sehr junge Pflanzen, die im Allgemeinen innerhalb von vier Wochen nach der Aussaat geerntet werden. Viele Sorten lassen sich sogar noch früher ernten; in Tabelle 1 (Seite 18) sind zehn Microgreens aufgelistet, die schon nach einer Woche geerntet werden können.

Microgreens lässt man nur so lange wachsen, bis sie ein oder zwei Blattgruppen bilden. Die ersten Blätter werden Keimblätter oder Kotyledonen genannt; sie sind die einzigen Blätter, die im Keimblattstadium vorhanden sind. Die Keimblätter der meisten Pflanzen sehen identisch aus, besonders bei vielen *Brassica*-Arten. Die zweite Blattgruppe hat schon mehr Eigenschaften der reifen Pflanze, weshalb diese Blätter auch als Laubblätter bezeichnet werden.

Je nach ihrem Aroma, vor allem nach ihrer Süße, werden manche Microgreens im Keimblattstadium, andere im Laubblattstadium geerntet. Die meisten kommerziell angebauten Microgreens werden bis zum Laubblattstadium gezogen, selbst wenn sie den besten Geschmack schon im Keimblattstadium erreicht haben. Das liegt daran, dass Microgreens im Laubblattstadium doppelt so groß und schwer sind wie im Keimblattstadium und der Wettbewerb ertragreiche Ernten diktiert. Außerdem sind viele Microgreens im Keimblattstadium noch zu empfindlich für den kommerziellen Vertrieb. Doch wenn Sie Greens zu Hause ziehen, haben Sie den Vorteil, den Zeitpunkt der Ernte selbst bestimmen zu können.

Probieren Sie Ihre Pflanzen jeden Tag und halten Sie Ihre Eindrücke in einem Protokoll fest. Wahrscheinlich werden Sie feststellen, dass die meisten Microgreens süßer schmecken und saftiger sind, wenn sie nur bis zum Keimblattstadium gezogen werden, da die Blätter dann größere Mengen Phytonährstoffe enthalten. Wenn Ihnen ein Microgreen im Keimblattstadium geschmacklich nicht gefällt, ziehen Sie es einfach bis zum Laubblattstadium.

Einige Microgreens schmecken im Laubblattstadium besser, weil sie dann milder werden, zum Beispiel Senfpflanzen, oder weniger bitter, etwa die meisten Salate. Andere schmecken in beiden Stadien gleich, sind aber in der Textur anders. Im Laubblattstadium sind sie faseriger und zergehen nicht mehr so auf der Zunge wie im Keimblattstadium. Wenn Sie daher mit der Ernte bis zur vollständigen Entwicklung der Laubblätter warten, wird sie größer und höher sein, wahrscheinlich aber auch leicht faserig und bitter. In Kapitel 5 finden Sie mehr zum idealen Erntezeitpunkt.

Verwendungsweisen von Microgreens

Nur allzu oft degradieren gehobene Restaurants Microgreens (die meist gewerblich gezüchtet sind und fad schmecken) zu reiner Deko. Mitunter sieht man kleine Mengen auf großen Fleischstücken drapiert. Ich finde, Microgreens isst man am besten roh und einfach so, wie sie sind. Dressings sind unnötig, gekocht verderben die meisten Microgreens. Wie jedes Gartengemüse sollte man auch Microgreens am besten schon bald nach der Ernte verzehren.

Außerdem haben Microgreens größere Mengen an Phytonährstoffen, weil sie roh gegessen werden. Brokkoli-Microgreens zum Beispiel werden dafür gepriesen, fünfzig Mal reicher an dem krebshemmenden Phytonährstoff Sulforaphan zu sein als reifer Brokkoli, was aber teilweise daran liegt, dass die meisten Menschen reifen Brokkoli vor dem Essen kochen.

Wenn Sie hauptsächlich gekochte Lebensmittel essen, werden Sie vielleicht feststellen, dass Sie bei vielen Microgreen-Sorten erst einmal auf den Geschmack kommen müssen. Wenn Sie lieber rohes Gemüse essen, könnte Ihr Gaumen sich schneller daran gewöhnen, da Microgreens meist ziemlich genauso schmecken wie rohes reifes Gemüse. So schmecken zum Beispiel Rettich-Microgreens wie Rettichknollen; wenn Sie also rohen Rettich ohnehin schon mögen, werden Ihnen auch Rettich-Microgreens gefallen.

Falls Ihnen ein bestimmtes Microgreen anfangs nicht wirklich gefällt, probieren Sie es einfach immer wieder einmal. Irgendwann könnte es Sie nämlich doch noch für sich gewinnen. Es stimmt zwar, dass wir essen, was wir lieben, aber auch, dass wir lernen zu lieben, was wir essen.

Bleiben Sie wachsam

Es ist wichtig, Ihre Microgreens auf Schimmelbefall zu prüfen. Schimmelsporen sind überall, auch im Saatgut und in der Erde, aber der wirksamste Schutz vor Schimmel ist die richtige Bewässerung. Bewässern Sie Microgreens durch die Erde, nicht durch Besprengen von oben, denn nasse Microgreens werden viel eher zu schimmeligen Microgreens.

In diesem Buch finden Sie Tipps, wie Sie die Erde mithilfe von umfunktionierten Lebensmittelbehältern in einem flachen Wasserbad von unten bewässern können. Alternativ können Sie Microgreens auch auf Kantinentabletts anbauen und sie von der Seite bewässern. Kapitel 6 und 7 enthalten Anleitungen zum Anbau von Microgreens in Behältern und auf Tabletts.

Top 10 der Microgreens für Anfänger

Eine Liste mit zehn exzellenten Microgreens für Anfänger finden Sie in Tabelle 1 (Seite 18). Die Liste berücksichtigt Geschmack, Wachstum und Erntezeit. Ein großer Pluspunkt ist, dass alle Microgreens in Tabelle 1 in weniger als drei Tagen keimen und innerhalb einer Woche nach der Aussaat geerntet werden können.

Andere Gemüsesorten und Kräuter wie Möhren, Koriander, Dill und Sauerampfer sind als Microgreens besonders schmackhaft, brauchen aber eine Woche zum Keimen und zwei oder mehr Wochen zum Wachsen. Auch wenn sie nicht zu den Top 10 der Microgreens für Anfänger zählen, sind diese Pflanzen mit zunehmender Erfahrung in jedem Fall einen Versuch wert. Sie finden sie in Tabelle 2 (Seite 19).

Eines der schmackhaftesten aller Microgreens ist Basilikum, besonders die Sorte, die verdientermaßen Süßes Basilikum heißt. Basilikum braucht jedoch warme Temperaturen, und die Samen sind schleimbildend (klebrig, wenn sie nass sind), so dass diese Pflanze nicht gerade einfach zu ziehen ist und für einige Microgreen-Anbauer eine Herausforderung sein könnte. Deshalb findet sich Süßes Basilikum in Tabelle 2 statt 1.

Ungeeignete Microgreens

Zwar lassen sich viele beliebte Pflanzen problemlos als Microgreens ziehen, aber meiner Meinung nach sollten einige außen vor gelassen werden, auch wenn mancher Saatgutanbieter das anders sieht. Hier sind acht:

Spinat. Spinat ist als Microgreens nicht empfehlenswert, weil die Samenschalen beharrlich an den Blättern haften. Da die Schalen nicht entfernt werden können und nicht essbar sind, sind auch die Microgreens nicht essbar.

Buchweizen. Als Microgreens roh verzehrt enthält diese Pflanze gefährliche Toxine. Menschen sollten diese Microgreens also nicht essen, so Gilles Arbour, Experte für Sprossenzucht und Rohkost, der auch Verfasser des sorgfältig dokumentierten, spannenden Onlineberichtes »Are Buckwheat Greens Toxic?« [»Sind Buchweizenkeimlinge giftig?«] ist. Auf einem Gesundheitsretreat in Florida nahm Arbour große Mengen Buchweizenkeimlinge nach Entsaften zu sich.

Daraufhin bekam er auf sonnengebräunten Körperbereichen einen juckenden, kribbelnden Ausschlag und bemerkte das auch bei anderen Teilnehmern des Retreats.

Arbour erfuhr, dass Nutztiere, besonders Schafe, vergleichbare Symptome zeigen, wenn sie ausgewachsene Buchweizenpflanzen fressen. Bei einer chemischen Analyse von Buchweizenkeimlingen fand er heraus, dass ein rosafarbenes Toxin namens Fagopyrin Urheber der Erkrankung bei den Tieren und bei ihm selbst war.

Anders als Microgreens gelten rohe Buchweizensprossen nicht als toxisch, da das Toxin durch Einweichen und wiederholtes Spülen abgewaschen wird, was an der rosafarbenen Tönung des Spülwassers erkennbar ist. Auch die Buchweizengrütze Kasha, die geröstet und dann gekocht wird, ist nicht betroffen, da das Toxin durch Kochen neutralisiert wird.

Raps, Chia und Kohl. Sie schmecken einfach nicht gut.

Sellerie, Mais und Minze. Die Keimung kann schwierig sein; sie keimen sehr langsam, wachsen noch langsamer und bringen nur sehr kleine Erträge.

Tabelle 1 – Top Ten der einfachsten Microgreens für Anfänger

	Microgreen	Merkmale	Geschmack und Aussehen
1.	Chinakohl	wächst schnell und leicht	attraktiv und aromatisch
2.	Radieschen und Daikon	wächst schnell und leicht	schmeckt wie das Wurzelgemüse
3.	Speiserübe	wächst schnell und leicht	Blattsorten schmecken wie das Wurzelgemüse
4.	Pak Choi	wächst schnell und leicht	zahlreiche Sorten, geschmacklich und farblich unterschiedlich
5.	Sesam (gelbbraunes oder beiges Saatgut wählen, kein schwarzes)	keimt schnell	schmeckt gegart besser (seltene Ausnahme)
6.	Kresse	wächst schnell	sehr würzig-scharf; am besten sparsam als Gewürz verwenden
7.	Salat, die meisten Sorten	nach der Ernte empfindlich	attraktiv und köstlich
8.	Rübsen (besonders Komatsuna)	verträgt Wärme und Kälte	mildes Senfaroma
9.	Endivie	wächst zuverlässig, aber langsam	attraktives Blattbouquet
10.	Senf und viele Senfpflanzen	wächst zuverlässig und schnell	sehr würzig-scharf; am besten sparsam als Gewürz verwenden

Tabelle 2 – Zehn sehr schmackhafte, aber etwas schwieriger zu ziehende Microgreens

	Microgreen	Merkmale	Geschmack und Aussehen
1.	Rüben und Mangold	Keimung ist schwierig, aber einfach anzubauen	schöne tiefe Farbe bei roten Sorten
2.	Möhren	Anbau kann sehr schwierig sein	leicht süßlich
3.	Koriander	Keimung kann sehr schwierig sein (noch mehr als Fenchel oder Dill)	wohlschmeckend
4.	Fenchel und Dill	Keimung kann schwierig sein	wohlschmeckende Kräuteraromen
5.	Erbsen	wachsen schnell; bringen hohe Erträge aus vielen Stecklingen; können Schimmel bilden	süß und saftig beim Anbau bei kühlen Temperaturen
6.	Sibirischer Kohl	wächst langsam	süß und farbenfroh beim Anbau in Kälte; attraktiv sowohl im Keim- als auch im Laubblattstadium
7.	Sauerampfer und Majoran	wächst langsam, blattreich	ausgeprägter Geschmack
8.	Sonnenblumen (schwarze Samen, nicht gestreifte)	haben Schwierigkeiten anzuwurzeln	einzigartiger Geschmack
9.	Süßes Basilikum	wächst langsam, anspruchsvoll	attraktiv und schmackhaft
10.	Thai-Basilikum	wächst langsam, anspruchsvoll	wird geschmacklich nur noch von Süßem Basilikum übertroffen

2

Wahl des Saatguts

Das allermeiste Gartenbausaatgut ist nicht für den Microgreen-Anbau geeignet. Aber wenn Sie genau wissen, wonach Sie suchen, werden Sie beim Blick in die Saatgutkataloge gewiss nicht verzweifeln. Mit diesem Leitfaden werden Sie problemlos genau das Saatgut finden, das Sie brauchen, um Ihren Microgreen-Garten mit Leben zu füllen.

Vorteile von unbehandeltem Saatgut

Saatgut, das draußen ausgesät wird und in einem saisonalen Zyklus zu Pflanzen auswachsen darf, wird routinemäßig mit Fungiziden und manchmal mit Insektiziden behandelt. Der Einsatz dieser Chemikalien während einer langen Wachstumszeit bringt für die Verbraucher nur geringe Gesundheitsrisiken mit sich, weil die Chemikalien sich mit der Zeit verflüchtigen. Aber da Samen, die für Microgreens gesät werden, schon kurz nach der Keimung geerntet werden, wenn die Blätter noch außergewöhnlich jung sind, ist die Verwendung von behandeltem Saatgut nicht sicher.

Obwohl durchaus viele Arten von unbehandeltem Saatgut zur Wahl stehen, sind sie manchmal gar nicht so einfach aufzufinden. Zwar gibt es zahllose Versandanbieter von Saatgut für Gartenbau und Landwirtschaft, aber nur wenige Firmen bieten unbehandeltes Saatgut an, das unbedenklich für den Microgreen-Anbau ist.

Ob eine Firma unbehandeltes Saatgut verkauft, lässt sich allerdings eigentlich ziemlich einfach feststellen, weil solche Firmen dies groß auf Katalogen und Websites anpreisen. Falls Sie Zweifel haben, weisen Sie beim Bestellen darauf hin, dass Sie unbehandeltes Saatgut benötigen. Wenn Sie auf Saatgutpäckchen oder in Produktbeschreibungen nicht den Begriff »unbehandelt« sehen, gehen Sie davon aus, dass das Saatgut behandelt wurde.

Wenn Sie unbehandeltes Saatgut ausfindig gemacht haben, achten Sie auf das nächste wichtige Kriterium: bio. Kaufen Sie, wann immer möglich, biologisch angebautes statt konventionell angebautes Saatgut. Vergessen Sie nicht, dass zwar alles Bio-Saatgut unbehandelt ist, aber nicht alles unbehandelte Saatgut ist bio.

Bio-Saatgut enthält mit geringerer Wahrscheinlichkeit Erreger wie *E. coli* oder Salmonellen, die zu lebensmittelbedingten Erkrankungen führen, besonders nach dem Verzehr von ungekochten Lebensmitteln. Diese Erreger stammen aus der Nutztierwirtschaft und können in Erde überleben, die mit nicht vollständig kompostierter Gülle gedüngt wurde. Aus dieser Erde geerntetes Saatgut kann kontaminiert sein. Es lohnt sich auch, Ihre Microgreens in Bio-Erde anzubauen, die frei von tierischen Düngemitteln ist (siehe Kapitel 3).

Hochwertiges Saatgut wählen

Wenn man Microgreens anbauen möchte, ist es eine gute Idee, bei Saatgutanbietern aus dem Gartenbaubereich (statt bei Anbietern von

Sprossensaatgut) zu bestellen. Die besten Saatgutanbieter informieren auf den Saatgutpäckchen und in den Produktbeschreibungen ausführlich über ihr Saatgut. Da diese Firmen sich die Mühe machen, hilfreiche Informationen zusammenzustellen und zu erteilen, kostet ihr Saatgut vielleicht etwas mehr, aber die Mehrausgaben lohnen sich.

Auf folgende Anhaltspunkte sollten Sie beim Lesen der Beschreibungen auf Saatgutpäckchen oder in Katalogen achten. Sind die unten angegebenen Kriterien erfüllt, dann haben Sie eine gute Bezugsquelle für Ihr Microgreen-Saatgut gefunden.

Varietät. Spezifische Sorten einer Kulturpflanzenart werden als Varietäten bezeichnet. Für jede Nahrungspflanzenart werden dutzende und manchmal hunderte Varietäten selektiv gezüchtet. So gibt es zum Beispiel viele Varietäten von italienischem Brokkoli, einem häufig angebauten Microgreen, das viele einfach als »Brokkoli« kennen. (Italienischer Brokkoli unterscheidet sich jedoch von Romanesco-Brokkoli, chinesischem Brokkoli, Rübstiel-Brokkoli und Broccoflower, die jeweils eigene Arten sind.) Wenn auf dem Etikett die Varietät angegeben ist, können Sie die genaue Pflanzensorte bestimmen. Ihre Favoriten können Sie dann immer wieder ausfindig machen, indem Sie auf Saatgutpäckchen oder in Katalogen nach der Varietät schauen.

Vielfalt kultivieren

Obwohl Brokkoli ein nützliches Fallbeispiel für die Anzahl an Varietäten innerhalb einer Art ist, wird unbehandeltes Brokkoli-Saatgut, das spezifisch zum Ziehen von Sprossen oder Microgreens verkauft wird, nur selten nach Varietät benannt.

Stattdessen heißt es ganz allgemein »Brokkoli« und ist stets preisgünstiger als Brokkoli-Saatgut, bei dem die Varietät genannt wird. Sogar Microgreen-Brokkoli-Saatgut, das zu unterschiedlichen Zeitpunkten bei derselben Firma gekauft wird, gehört nicht immer derselben Varietät an. Das mag nicht so wichtig sein, da Sie nicht unbedingt einen Unterschied zwischen einzelnen Brokkoli-Varietäten herausschmecken, wenn sie ohnehin nur bis zum Microgreen-Stadium wachsen. Aber mit der Zeit kann es sein, dass bestimmte Varietäten bestimmter Arten zu Ihren Favoriten werden, weshalb es lohnenswert sein kann, wenn Sie sich Ihre Lieblingsvarietäten notieren.

Zeitpunkt der Ernte. Der angegebene Zeitpunkt der Ernte ist wichtig, weil Sie damit die Lebensdauer des Saatguts voraussagen können. Einige Firmen drucken das Verpackungsdatum oder ein Verfallsdatum auf die Saatgutpäckchen, was beides nicht mit dem Zeitpunkt der Ernte gleichzusetzen und auch nicht genauso hilfreich ist. Verwenden Sie Saatgut generell innerhalb von fünf Jahren nach der Ernte; falls Sie den Zeitpunkt der Ernte nicht kennen, planen Sie, das Saatgut innerhalb von fünf Jahren nach dem Kauf zu verwenden.

Keimungsrate. Bei jeder Charge Saatgut wird eine bestimmte Anzahl nicht keimen; diese Keimungsrate weisen die Firmen als Prozentangabe auf den Saatgutpäckchen aus. Saatgut mit einer Keimungsrate von unter 90 Prozent ist für den Microgreen-Anbau ungeeignet, da die übrigen Prozent verfaulen. Da beim Microgreen-Anbau eng beieinander ausgesät wird, wird durch das fehlerhafte Saatgut eher auch benachbartes Saatgut verfaulen, was die gesamte Ernte gefährdet.

Bio-Zertifizierung. Für Saatgutverkäufer in den USA bedeutet eine Bio-Zertifizierung nicht unbedingt eine Zertifizierung der US-Landwirtschaftsbehörde (USDA). Auch regionale Zertifizierungsstellen in den USA überwachen und bescheinigen biologische Anbaumethoden, dürfen aber auf den Saatgutpäckchen nicht die Bezeichnung »aus biologischem Anbau« verwenden. Begriffe wie »aus natürlichem Anbau« sind hier aber erlaubt, was absolut akzeptabel ist.[1]

Botanische Bezeichnungen. Wissenschaftliche Bezeichnungen werden auf Lateinisch oder manchmal Griechisch angegeben und sind am Kursivdruck erkennbar. Sich an die botanischen Bezeichnungen des Saatguts zu halten ist der beste Weg, um sicherzugehen, was Sie kaufen. Besonders nützlich ist es, die botanischen Bezeichnungen fremder Pflanzenarten zu kennen. So ist etwa die botanische Bezeichnung von Pak Choi, auch Chinesischer Blätterkohl genannt, *Brassica chinensis.* Auch englische Pflanzenbezeichnungen können Verwirrung stiften, wenn zum Beispiel ein amerikanischer Saatgutkatalog die britische Bezeichnung einer Pflanze verwendet, die auch in den USA häufig angebaut wird. Römersalat und Rucola etwa heißen in Großbritannien »Cos« und »Rocket«, in den USA aber »Romaine« und »Arugula«. Wenn die wissenschaftliche Bezeichnung genannt wird, kann es zu solchen Unklarheiten gar nicht erst kommen.

---

1) Für Deutschland gilt, dass Produkte, die mit »bio« gekennzeichnet sind, die Kriterien der EG-Öko-Verordnung erfüllen müssen; sie sind aber nicht zwingend mit dem EU-Bio-Siegel gekennzeichnet.

Großbestellungen aufgeben

Kleine Saatgutpäckchen sind ideal, wenn Sie noch mit dem Anbau von Microgreens experimentieren oder erst herausfinden möchten, welche Microgreens Sie bevorzugen. Wenn Sie dann Ihr Lieblingssaatgut gefunden haben und dauerhaft anbauen möchten, überlegen Sie sich, beim nächsten Mal eine Großbestellung aufzugeben.

Die Saatgutpreise schwanken von einer Art zur anderen und unter den Varietäten innerhalb einer Art enorm; einige sind sehr günstig, während andere hohe Preise haben. Eine Großbestellung kann die Kosten verringern. Selbst wenn Sie also momentan nur an Saatgutpäckchen interessiert sind, denken Sie darüber nach, bei einem Saatgutanbieter zu kaufen, der auch Großbestellungen akzeptiert. Diese Option könnte Ihnen später wichtig sein.

Während Saatgutpäckchen eine bestimmte Anzahl an Samen enthalten, werden Saatgutgroßbestellungen nach Gewicht verkauft. Falls Sie kleine Päckchen Saatgut finden, das Sie mögen, geben Sie so bald wie möglich eine Großbestellung auf, damit Sie in jedem Fall Saatgut aus demselben Anbau erhalten.

Verwöhnen Sie Ihr Saatgut

Saatgut ist leicht verderblich, und vor allem unbehandeltes Saatgut muss »verwöhnt« werden. Schon wenn nur ein Bruchteil des Saatguts nach dem Pflanzen aufgrund von schlechten Lagerungsbedingungen nicht keimt, können Sie ein ernsthaftes Schimmelproblem bekommen, das sich auf alle Pflanzen ausbreiten kann. Um gut wachsen zu können, muss Ihr Saatgut seine Lebensfähigkeit (Keimfähigkeit) und Triebkraft (Stärke und Gesundheit) behalten.

Die Triebkraft lässt vor der Lebensfähigkeit nach; selbst wenn also eine Charge Saatgut erfolgreich keimt, kann es sein, dass die Keimlinge nicht kräftig wachsen.

Die besten Lagerungsbedingungen für Saatgut sind luftdichte Behälter an einem kühlen Ort mit gleichmäßigen Temperaturen (über dem Gefrierpunkt) und niedriger Feuchtigkeit, zum Beispiel im Kühlschrank. Andere gute Alternativen sind ein Weinkeller, Erdkeller oder ein anderer kühler Lagerort. Bevor Sie das Saatgut kühlen, füllen Sie es zunächst aus den Päckchen, Umschlägen oder anderen Verpackungen in Glasbehälter, vorzugsweise mit Deckeldichtung, um. Vergewissern Sie sich, dass die Dichtung biegsam ist, damit der Deckel dicht verschließt, denn mit der Zeit können Dichtungen brüchig werden und sind dann kein luftdichter Abschluss mehr.

Die Lagerung von Saatgut in Plastikbeuteln ist meist nicht ideal, weil die Beutel zwar wasserdicht, aber nicht luftdicht sind. Es gibt jedoch eine neue Generation vakuumdichter Plastikverpackungen (zum Beispiel von der Marke Cryovac), die effektiv Luft und Feuchtigkeit ausschließen und einen luftdichten Verschluss bilden. Diese Verpackungen funktionieren mit Lebensmittel-Vakuumversiegelungsgeräten für den Hausgebrauch und können es durchaus mit Glasbehältern aufnehmen, was die effektive Lagerung und den wirksamen Schutz von Saatgut betrifft. Um festzustellen, ob eine vakuumversiegelte Plastikverpackung luftdicht ist, prüfen Sie, ob Sie den Inhalt durch den versiegelten Beutel riechen können. Falls irgendein Geruch wahrnehmbar ist, strömt Luft hinein.

Egal ob Sie zur Lagerung von Saatgut Glasbehälter oder vakuumversiegelte Beutel verwenden – der letzte wichtige Schritt ist es, jeden Behälter mit Angaben zum jeweiligen Saatgut zu beschriften. Geben Sie mindestens die Saatgutbezeichnung, die Bezugsquelle und den Zeitpunkt der Ernte oder des Kaufs an. Eine hervorragende, praktische Methode, um auf jeden Fall alle relevanten Informationen über Ihr Saatgut vorliegen zu haben, besteht darin, das Originaletikett aus dem Umschlag oder Beutel zu schneiden und auf den Aufbewahrungsbehälter zu kleben.

Selbst bei korrekter Lagerung wird die Triebkraft von Saatgut mit der Zeit immer schwächer, bis es sich schließlich nicht mehr lohnt, es auszusäen. Die Langlebigkeit ist je nach Pflanzenart unterschiedlich, aber eine Saatgutlagerung von mehr als fünf Jahren ist nicht empfehlenswert. Wenn Sie also eine Großbestellung aufgeben, kaufen Sie nicht mehr Saatgut, als Sie innerhalb von fünf Jahren im Kühlschrank lagern und verwenden können.

Saatgut einweichen

Wenn Sie den Keimungsprozess beschleunigen möchten, haben Sie die Möglichkeit, Saatgut vor dem Pflanzen etwa acht bis 12 Stunden einzuweichen. Einweichen ist nicht nur für eine schnellere Keimung empfehlenswert, so dass sich die gesamte Wachstumsdauer um einen ganzen Tag verkürzen kann, sondern auch, um die Hülsen und Schalen weicher zu machen. Den entstehenden Blättern wird es dadurch einfacher gemacht, die weicheren Hülsen und Schalen abzustoßen. Allerdings sollte nicht alles Saatgut eingeweicht werden (siehe Kasten nächste Seite).

Um Saatgut vor der Aussaat einzuweichen, füllen Sie ein kleines Glas mit Wasser und Saatgut, schrauben Sie den Deckel darauf und schütteln Sie es. Durch das Schütteln wird das Wasser mit Sauerstoff angereichert, was die Keimung unterstützt. Während das Saatgut einweicht, entfernen Sie den Deckel vom Glas, so dass die Luft frei zirkulieren kann. Wenn das Saatgut bereit zur Aussaat ist, lassen Sie das Wasser durch ein Sieb oder einen Deckel mit eingebautem Filter abfließen.

Eingeweichtes Saatgut sollte beim Pflanzen mit Erde bedeckt werden, denn dann bleiben die Hülsen und Schalen gut durchfeuchtet und werden auf natürliche Weise abgestoßen, wenn sich die Keimlinge durch die Erde nach oben schieben. Ansonsten müssen Sie viele Hülsen und Schalen entfernen, wenn es Zeit für die Ernte ist. Eine Ausnahme zu dieser Regel sind Sonnenblumensamen, denn aus unbekannten Gründen bleibt bei ihnen die Schale am Blatt haften, wenn man sie mit Erde bedeckt.

Einweichen: ja oder nein?

Saatgut einzuweichen ist optional, aber es kann die Keimung beschleunigen und die Hülsen und Schalen lockern. Hier sind einige allgemeine Leitlinien, um festzustellen, ob Sie Saatgut vor dem Pflanzen einweichen können.

Folgendes Saatgut kann vor der Aussaat eingeweicht werden:

- mittelgroße Samen mit Hülsen (z. B. Dill und Fenchel)
- große Samen (z. B. Erbsen und Weizen)
- große Samen in harten Schalen (z. B. Koriander und Sonnenblumen)
- Samen in harten Hülsen (z. B. Rüben und Mangold)

Folgendes Saatgut sollte vor der Aussaat nicht eingeweicht werden:

- winzige Samen (z. B. Salat)
- schleimbildende Samen oder Samen, die angefeuchtet klebrig sind oder eine klebrige Substanz absondern (z. B. Rucola, Basilikum oder Lein)

Aussaattechniken

Der häufigste Fehler, den Anfänger (und sogar langjährige Kenner der Materie) beim Pflanzen von Microgreens machen, ist, die Samen zu eng beieinander auszusäen. Das kann zu einem zu dichten Bewuchs führen, so dass Feuchtigkeit an den Stängeln verbleibt und Schimmelbildung gefördert wird, was die gesamte Ernte ruinieren kann. Säen Sie also immer lieber zu dünn aus. Vergewissern Sie sich, dass die Samen nicht übereinander liegen und sich nicht berühren.

Mit etwas Übung werden Sie bald den richtigen Dreh für die optimale Zahl an Samen und die gleichmäßige Verteilung heraus haben. Probieren Sie tiefe Messlöffel nicht nur zum Abmessen von Saatgut, sondern auch zum Aussäen aus. Halten Sie den Löffel mit Daumen und Mittelfinger und tippen Sie leicht mit dem Zeigefinger auf den Stiel, um die Samen auszusäen. Wenn Sie den Löffel nur antippen, statt ihn hin- und herzubewegen, haben Sie eine genauere Kontrolle, denn die Samen fallen nur von der Ihnen zugewandten Löffelseite hinunter. Eine alternative Aussaatmethode für kleine Samen ist es, einen leeren Salz- oder Pfefferstreuer mit Samen zu füllen und sie daraus zu verstreuen. (Tipps zum Abmessen der richtigen Saatgutmenge finden Sie auf Seite 84.)

Prüfen Sie die Erde am Pflanztag und bis zur Keimung genau auf Lücken zwischen den Samen. Manche winzigen Samen, vor allem Basilikum und viele Salate, sind genauso schwarz-braun wie die Erde, so dass es anfangs manchmal nur schwierig zu erkennen ist, wo genau man gesät hat. Basilikumsamen quellen allerdings ein paar Minuten nach dem Kontakt mit feuchter Erde auf und werden violett.

Schon kurze Zeit später zeigen sich dann leere Stellen auf der Erde, auf die Sie bei Bedarf zusätzliche Samen streuen können. Bei anderem Saatgut müssen Sie vielleicht abwarten, bis es zu keimen

beginnt. Die zunächst sprießende Keimwurzel ist meist hell und leicht zu erkennen. Auch in diesem frühen Keimungsstadium können Sie die Lücken noch füllen; die Nachzügler werden zwar hinterherhinken, aber nur ein bis zwei Tage. Drücken Sie bei allem Saatgut – *außer* bei schleimbildendem und eingeweichtem Saatgut – die Samen mit einem Finger vorsichtig in die Erde. Bedecken Sie die Samen *nicht* mit Erde. Falls doch, werden beim Sprießen der saftigen Blätter diese mit Erde überkrustet sein.

Mit Erde bedecken: ja oder nein?

Bedecken Sie beim Anlegen Ihres Microgreen-Gartens nur zuvor eingeweichtes Saatgut mit Erde (außer Sonnenblumensamen, die die Ausnahme zu dieser Regel bilden). Bei allem anderen Saatgut drücken Sie die Samen vorsichtig in die Erde, aber bedecken Sie sie nicht mit Erde.

Insiderinfo: Saatgut

- Kaufen Sie unbehandeltes Saatgut von einer verlässlichen Bezugsquelle (s. o.).
- Wählen Sie idealerweise zertifiziertes Bio-Saatgut oder Saatgut aus natürlichem Anbau.
- Kaufen Sie anfangs kleine Saatgutpäckchen. Wenn Sie Erfahrung mit dem Anbau verschiedener Pflanzen gesammelt haben, kaufen Sie Ihr bevorzugtes Saatgut als Großbestellung zum besten Preis-Leistungs-Verhältnis.
- Wählen Sie für den Anfang nur eine begrenzte Anzahl an Sorten (siehe Tabelle 1, Seite 18).
- Lagern Sie Saatgut in luftdichten Glasbehältern im Kühlschrank und verwenden Sie es innerhalb von fünf Jahren nach dem Zeitpunkt der Ernte, falls bekannt, oder dem Kaufdatum.
- Überlegen Sie sich, für eine schnellere Keimung bestimmtes Saatgut vor dem Pflanzen einzuweichen.
- Bedecken Sie beim Pflanzen nur zuvor eingeweichtes Saatgut mit Erde. Bei allem anderen Saatgut drücken Sie die Samen mit dem Finger vorsichtig in die Erde, so dass Bodenkontakt besteht, aber die Samen nicht mit Erde bedeckt werden.

3

Aussaat und Bewässerung

Die Wahl des richtigen Saatguts ist unerlässlich für einen gut gedeihenden Microgreen-Garten, aber auch bei den Nährmedien haben Sie verschiedene Möglichkeiten zur Auswahl. Zudem kann auch die Wasserqualität das Wachstum und sogar den Geschmack von Microgreens beeinflussen. Genaueres Wissen über Erde und Wasser wird Ihnen helfen, die richtige Balance zwischen ausreichend Feuchtigkeit und der Vermeidung von Schimmel und Fäulnis zu finden, der größten Bedrohung für Microgreens.

Erde ist nicht gleich Erde

Wenn Sie schon einmal Sprossen gezüchtet haben, dann wissen Sie, dass Luft und Wasser die ganze Arbeit erledigen – Erde ist nicht nötig. Bei Microgreens ist das anders, sie wachsen am besten in Erde. Sie können handelsübliche Pflanzenerde, spezielle Anzuchtmischungen oder eine Kombination aus beidem verwenden. Dies sind die empfohlenen Nährmedien, gleich ob Sie Ihre Microgreens in Töpfen oder auf Tabletts anbauen.

So gut Mutterboden auch für Freilandkulturen ist – für Microgreens ist er nicht die ideale Wahl. Erde für den Microgreen-Anbau wird in kleine Behälter gefüllt oder dünn auf Tabletts verteilt. Wenn Sie das mit Mutterboden machen, verdichtet und verhärtet er sich, blockiert die Luft und erstickt die Microgreen-Wurzeln. Dieses Problem lässt sich mit kommerziellen Anzuchtmischungen vermeiden, die Bodenhilfsstoffe wie Perlit oder Vermiculit enthalten, die die Erde auflockern, und Torf oder Torfmull, mit dem die Erde leicht und schwammig wird.

In handelsüblichen Mischungen hat Torf noch einen weiteren Zweck: Er ist ein natürliches Fungizid. Pilzsporen sind überall, und Pilze können auch auf Saatgut oder entstehenden Wurzeln oder Stängeln wachsen. Unterschiedlichste Pilzerkrankungen (allgemein als »Umfallkrankheiten« bezeichnet) können dazu führen, dass Keimlinge schon auf Bodenhöhe faulen und absterben. Mutterboden aus Außengärten ist eher mit Sporen durchsetzt, handelsübliche Mischungen mit Torf bieten dagegen mehr Schutz. Genauso problematisch ist, dass Mutterboden auch Schädlinge beherbergen kann, was nicht nur Ihren Microgreens, sondern auch Ihrem Zuhause Unkraut und Mikroorganismen bescheren kann. Um das Kontaminationsrisiko zu verringern, werden handelsübliche Pflanzenerde oder Anzuchtmischungen pasteurisiert oder sterilisiert. (Falls Sie probieren möchten, Microgreens mit Erde aus Ihrem eigenen Hof oder Garten zu ziehen, sterilisieren Sie sie, indem Sie sie mindestens 30 Minuten bei 100 °C in den Backofen stellen.)

Wählen Sie Ihre perfekte Mischung

Sie können das Nährmedium für Ihre Keimlinge nach dem Wachstumszyklus einer bestimmten Pflanze wählen. So können zum Beispiel

Pflanzen mit kurzem Wachstumszyklus (zehn oder weniger Tage von der Pflanzung bis zur Ernte) ausschließlich in Anzuchtmischung wachsen. Microgreen-Wurzeln finden darin leichter Halt als in Pflanzenerde, außerdem haben Anzuchtmischungen ausreichend Nährstoffe, um die Pflanzen fast zwei Wochen lang zu versorgen. (In Tabelle 1, Seite 18 findet sich eine Liste mit zehn Microgreen-Pflanzen, die innerhalb einer Woche nach der Aussaat geerntet werden können; sie sind ideal für den Anbau in Anzuchtmischungen.)

Microgreen-Pflanzen mit mittlerem Wachstumszyklus (zwei bis drei Wochen) kommen gut mit Pflanzenerde zurecht. Als weitere Option können Sie die untere Hälfte eines Behälters oder eines Tabletts mit Pflanzenerde und die obere Hälfte mit Anzuchtmischung füllen. Das Saatgut keimt und schlägt Wurzeln in der Anzuchtmischung. Wenn die Wurzeln tiefer wachsen, finden sie die nährstoffreiche Pflanzenerde. Auf diese Weise nutzen Sie mit einer Hälfte Pflanzenerde und einer Hälfte Anzuchtmischung das Beste aus beiden Welten.

Für Microgreens mit langem Wachstumszyklus (vier Wochen oder mehr) ist Pflanzenerde mit zugesetztem Dünger empfehlenswert. Microgreens brauchen normalerweise keinen Dünger, weil sie rasch wachsen, aber langsamer wachsende Pflanzen brauchen extra viele Nährstoffe. (Mehr Informationen über Dünger finden Sie unter »Die Wurzeln kräftigen – aber mit Bedacht«, Seite 37 f.)

Anzuchtmischungen und Pflanzenerde sind in Großpackungen am günstigsten, kaufen Sie daher am besten die größten Säcke, die Sie tragen können. Natürlich können Sie zunächst auch genauso, wie Sie mit kleinen Saatgutpäckchen anfangen, kleinere Säcke mit Nährmedium kaufen und experimentieren, bis Sie herausgefunden haben, was für Sie am besten funktioniert.

Tabelle 3 (Seite 37) enthält einen Zeitplan, der Ihnen helfen kann zu bestimmen, wann Sie Anzuchtmischung, Pflanzenerde und Dünger verwenden sollten. Beachten Sie, dass diese allgemeinen Empfehlungen darauf basieren, wie lange die verschiedenen Nährmedien wahrscheinlich fruchtbar bleiben. Wie schnell die Erde verarmt, hängt von vielen Faktoren ab, etwa vom Saatgut, von der Menge an Erde und davon, wie dicht die Samen ausgesät werden.

Graben Sie tiefer (auch wenn »bio« draufsteht)

Wie in Kapitel 2 erläutert, ist es unerlässlich, unbehandeltes Saatgut zu kaufen, idealerweise aus biologischem Anbau. Auch Pflanzenerde und Anzuchtmischungen aus ökologischer Erzeugung können das Wachstum der Microgreens fördern und vor einem möglichen Befall mit schädlichen Krankheitserregern schützen. Halten Sie deshalb Ausschau nach Mischungen mit Bio-Siegel, aber Achtung: Selbst bei Bio-Nährmedien werden Sie das Kleingedruckte lesen müssen, um die wahren Inhaltsstoffe zu erfahren.

Bio-Mischungen können Inhaltsstoffe aus der Massentierhaltung oder Schlachthöfen enthalten, ein Nährboden für Mikroben, die die weltweite Lebensmittelversorgung gefährden. Dennoch erlaubt die US-Landwirtschaftsbehörde (USDA) das Bio-Siegel auf Mischungen, die Urea (Urin), Gülle (Fäkalien), Blutmehl und Knochenmehl aus der industriellen Nutztierwirtschaft enthalten. Weitere häufige Zusätze wie Federmehl und Geflügelabfall (eine Mischung aus Hühner- oder Putenexkrementen, verschüttetem Futter, Federn und Einstreumaterial) stammen von stark befallenen Tieren aus der Massentierhaltung. Sie sind mit Pestiziden durchsetzt, mit denen die Hühner und Puten gefüttert wurden (so dass sogar die Fäkalien dieser Tiere keine Insekten anziehen), aber kompostierter Geflügelmist wird von der USDA als biologisch eingestuft.[2]

Tabelle 3 – Verwendete Erde je nach Wachstumszyklus der Pflanze

Zeit von der Pflanzung bis zur Ernte	Blattstadium bei der Ernte	Art der Erde
5 bis 10 Tage	Keimblattstadium	Anzuchtmischung
10 Tage bis 2 Wochen	Keimblattstadium oder frühes Laubblattstadium	Anzuchtmischung kann ausreichen, aber Pflanzenerde ist empfehlenswert
2 bis 3 Wochen	Laubblattstadium	Pflanzenerde oder eine Kombination (Hälfte Pflanzenerde unten, Hälfte Anzuchtmischung oben)
4 Wochen oder mehr	Laubblattstadium	Pflanzenerde mit beigefügtem Dünger

Die Wurzeln kräftigen - aber mit Bedacht

Der Einsatz von Dünger ist beim Microgreen-Anbau optional, fast immer unnötig und kann sogar schädlich sein. In Erde gezogene Microgreens brauchen normalerweise kaum Dünger; die kleine Menge

2) In Deutschland ist, anders als bei Lebensmitteln, die Bezeichnung »bio« bei Pflanzerde nicht gesetzlich geschützt, so kann Bioerde auch Kompost aus städtischen Biomüllsammlungen oder Torf enthalten.

Nährstoffe in der Erde reicht aus, um die zarten Pflanzen in ihrem relativ kurzen Wachstumszyklus zu versorgen. Aber wie in Tabelle 3 gezeigt, können langsamer wachsende Pflanzen durchaus von zugesetztem Dünger profitieren. Absolut notwendig ist Dünger nur dann, wenn Microgreens in Hydrokultur, also ohne Erde, gezogen werden, eine Methode, die durchaus Potenzial hat (siehe gegenüberliegende Seite).

Wenn Sie beim Anbau von Microgreens Dünger verabreichen möchten, können wasserlösliche Flüssigdünger am schnellsten Erfolge erzielen. Flüssiger Seetangextrakt gehört zu den besten und wahrscheinlich auch noch günstigsten Düngemitteln. Eine zu hohe Seetangkonzentration kann allerdings die Keimung hemmen, weshalb flüssiger Seetang allgemein als Blattspray vermarktet wird, das auf die Blattunterseite gesprüht wird. Diese Methode ist jedoch für den Microgreen-Anbau nicht geeignet. Falls Sie flüssigen Seetang verwenden möchten, geben Sie ihn vor dem Pflanzen sparsam zur Erde, wenn Sie die Erde tränken (siehe »Die Erde vorbereiten« auf Seite 40).

Feste Dünger wie Kompost, Humus, Seetangpulver, pulverisierte Mineralien oder gemahlene Muscheln haben im Microgreen-Anbau keinen Nutzen. Das liegt daran, dass sie in der typischen ein- bis zweiwöchigen Wachstumsperiode der Keimlinge einfach nicht genug Zeit haben, um ihre hilfreichen Inhaltsstoffe freizusetzen. Außerdem beschleunigen diese Dünger das Microgreen-Wachstum nur leicht, wenn überhaupt. Bestenfalls könnte auf diese Weise vielleicht ein Tag Wachstumszeit wegfallen, was für professionelle Microgreen-Erzeuger zwar rentabel sein könnte, für Hobbyanbauer aber belanglos ist.

Die Alternative zu Erde: Hydrokultur

In der Hydrokultur werden Pflanzen in Nährlösungen statt in Erde gezogen. Dabei heften sich in verdünntem Flüssigdünger gebadete Pflanzenwurzeln an ein Nährmedium, etwa Tücher aus Naturfasern wie Kokosfasern (die fusselige Innenseite von Kokosnussschalen) oder Sackleinen (aus Jute). Anstelle von Kokosfasern oder Sackleinen können auch Teller und Schüsseln aus geflochtenem Bambus oder Stroh verwendet werden. Weitere natürliche Nährmedien sind Steinwolle, Schaumlava, zerkleinerter Granit und Binnensand, mit denen es allerdings etwas unansehnlich werden kann. Ein effektives synthetisches Medium sind Schaumstoffkissen aus Polyethylen, einem Kunststoff, aus dem die meisten Lebensmittelbehältnisse bestehen. Tatsächlich hat sich der Einsatz von Polyethylenschaumstoffkissen gemeinsam mit Flüssigdünger als sehr erfolgreich beim Microgreen-Anbau erwiesen, auch wenn die Kissen eher die Schimmelbildung begünstigen.

Abwandlungen der grundlegenden Hydrokultur-Methode sind unter anderem Aeroponik (konstantes Einnebeln), Bioponik (Unterwasser-Aquaponik für Pflanzen) und Vermiponics (Systeme, die Komposttee und Wurmausscheidungen nutzen). Allerdings haben Hydrokultur und alle anderen Anbaumethoden ohne Erde einen erheblichen Nachteil. Sie brauchen einen kostspieligen Aufbau, eine sperrige Installation und die Bereitschaft, künstliche Produkte zu verwenden, etwa Düngemischungen, die selten organisch sind. Sogar wasserlösliche organische Düngemittel setzen sich meist aus Urin-,

Fäkalien- und Blutkompost von Tieren aus der Massentierhaltung zusammen, was Microgreen-Anbauer eher nicht ansprechen dürfte, die sich aus gesundheitlichen, ethischen oder ökologischen Gründen für eine bestimmte Ernährung entscheiden.

Doch missliebige Düngemittel wegzulassen, wird in der Hydrokultur oder in anderen Anbaumethoden ohne Erde nur unwahrscheinlich zum Erfolg führen. Wenn Microgreens ohne Dünger auf Kokosfasern, Sackleinen, Bambus, Stroh oder Polyethylen gezogen werden, entwickeln sich die Pflanzen ungewöhnlich langsam und verkrüppeln oder verkümmern. Sogar die einigermaßen normal aussehenden schmecken entweder bitter oder fad. Wenn also keine Erde vorhanden ist, ist Flüssigdünger auf jeden Fall notwendig.

Die Erde vorbereiten

Bevor Sie die Pflanzenerde oder Anzuchtmischung in einen Behälter oder auf ein Tablett schichten, ist ein wichtiger erster Schritt, die Erde in einen sauberen Eimer zu geben und Wasser hineinzurühren. Nehmen Sie genügend Wasser, um die Erde zu tränken, aber nicht so viel, dass das Wasser auf der Erde oder dem Eimerboden Pfützen bildet. Entfernen Sie beim Einrühren des Wassers etwaige Blätter, Zweige, Holzspäne oder andere Fasern aus der Erde. Wenn Sie Wasser erst hinzugießen, wenn die Erde schon im Behälter oder auf dem Tablett ist, ist es viel schwieriger, die Erde umzurühren und unerwünschte Verunreinigungen zu entfernen, und besonders leicht, Wasser auf den Tisch oder den Fußboden zu verschütten.

Reservieren Sie idealerweise einen Eimer ausschließlich für diesen Schritt. Verwenden Sie zumindest einen Eimer, der keine Rückstände chemischer Reinigungsmittel oder anderer unliebsamer Substanzen beherbergt. Lassen Sie den leeren Eimer als Schutzmaßnahme gegen Schimmel zwischen den einzelnen Ladungen Erde mindestens einen Tag lang trocknen. Denken Sie daran: Feuchte Erde kann das Pflanzenwachstum fördern, begünstigt aber auch die Schimmelbildung.

Wasserqualität

Die Wasserqualität kann eine überraschende Wirkung auf Microgreens haben. Natürlich brauchen sie es zum Wachsen, aber die zarten Pflanzen wachsen nur kurze Zeit, so dass sich Geschmack und Qualität des Wassers tatsächlich auf den Geschmack der Microgreens auswirken.

Es gibt einfache Methoden, mit denen Sie die Qualität Ihres Wassers beurteilen können. Wenn sein Geschmack Sie davon abhält, es zu trinken, verwenden Sie es nicht für Ihre Microgreens. Auch Sprossen, die mehrmals täglich in Wasser gebadet werden müssen, sind in ähnlicher Weise von der Wasserqualität betroffen. Wenn Sie also bereits erfolgreich Sprossen züchten, ist Ihr Wasser wahrscheinlich auch zum Anbau von Microgreens gut geeignet. Ein weiteres einfaches, schlüssiges Experiment ist es, das Wachstum und den Geschmack von Microgreens miteinander zu vergleichen, die aus unterschiedlichen Wasserquellen bewässert werden. Ziehen Sie zwei Chargen desselben Saatguts in derselben Erde unter identischen Bedingungen in Bezug auf Helligkeit, Dunkelheit und Wärme, aber verwenden Sie Wasser aus unterschiedlichen Quellen. Bewässern

Sie zum Beispiel eine Charge mit Wasser aus dem Wasserhahn und die andere mit Mineralwasser. Bewerten Sie die Situation nach zwei Wochen. Sehen beide Microgreen-Chargen gleich aus? Schmecken sie gleich? Die Qualität des verwendeten Wassers lässt sich schließlich am besten an der Qualität der Microgreens beurteilen, die daraus hervorgegangen sind.

Die beiden Faktoren, die am ehesten die Wasserqualität beeinflussen, sind Chlor und der pH-Wert. Chlor ist der vorherrschende Zusatz in kommunalem Leitungswasser, der Einfluss auf Microgreens hat, und der pH-Wert einer Lösung zeigt an, wie alkalisch oder sauer sie ist.

Chloriertes Wasser. Falls in Ihrem Testfall die mit Leitungswasser versorgten Greens leicht gelb oder gekräuselt sind, die andere Charge aber nicht, ist wahrscheinlich Chlor der Übeltäter. Zwar wird Leitungswasser schon seit langem mit Chlor versetzt, um Bakterien abzutöten, aber zumindest in den USA ist die Konzentration heute deutlich höher als in früheren Jahrzehnten.[3]

Um Chlor aus Leitungswasser zu entfernen, füllen Sie einen Behälter mit weiter Öffnung, zum Beispiel einen Eimer, mit chloriertem Leitungswasser und lassen Sie ihn 24 Stunden unbedeckt stehen. Das Chlor wird dann verdampfen. Alternativ können Sie auch einen Aktivkohlefilter verwenden, der Chlor in Leitungswasser bindet und entfernt. Filter sind sehr praktisch, da sie Chlor sofort entfernen. Im Vergleich zu Eimern allerdings, die billig sind und immer wieder verwendbar sind, sind Filter teuer und müssen ersetzt werden.

---

3) Mit einem Grenzwert von 0,3 Milligramm pro Liter ist der Chlorgehalt von Leitungswasser in Deutschland sehr niedrig.

pH-Wert des Wassers. Microgreens entwickeln sich am besten, wenn sie mit leicht saurem Wasser im pH-Wert-Bereich zwischen 6 und 6,5 gezogen werden, was fast neutral ist. Wenn Ihr Saatgut ungeachtet der Umgebungstemperatur regelmäßig langsam oder schlecht keimt oder wenn Ihre Keimlinge sogar bei sparsamer Bewässerung zu Fäulnis neigen, könnte das an alkalischem Wasser (mit einem pH-Wert von über 7) liegen.

Wenn Sie den pH-Wert Ihres Leitungswassers oder von anderem Wasser erfahren möchten, das Sie zum Microgreen-Anbau verwenden, können Sie im Gartenfachhandel ein pH-Test-Set kaufen. Zum Testen von Wasser werden zwei Arten von pH-Tests angeboten. Am bequemsten sind Teststreifen aus Lackmuspapier, die ins Wasser gehalten werden; bei der anderen Option werden Fläschchen mit Testlösung mit dem Wasser vermischt.

Wenn Ihr Leitungswasser einen pH-Wert von über 7 hat, gibt es ein einfaches Hausmittel, um ihn zu senken. Probieren Sie, eine kleine Menge Zitronensaft zuzugeben, um das Wasser saurer zu machen. Beginnen Sie mit weniger als einem viertel TL Zitronensaft pro 3,8 l Wasser und testen Sie dann erneut. Falls nötig, geben Sie noch einen viertel TL hinzu und testen Sie wieder. Zitronensaft ist vorzuziehen, aber auch mit Essig kann es funktionieren.

Die pH-Wert-Diskussion wirft bei Ihnen vielleicht die Frage auf, wie es eigentlich um den pH-Wert Ihrer Erde bestellt ist, aber hier brauchen Sie sich keine Gedanken zu machen. Handelsübliche Pflanzenerde und Anzuchtmischungen haben bereits den richtigen pH-Wert.

Vergessen Sie die Gießkanne

Keine Frage – das Wasser, das Sie zur Bewässerung Ihrer Microgreens verwenden, ist wichtig, und es stimmt auch, dass es einen himmelweiten Unterschied bedeutet, *wie* Sie Ihren Microgreen-Garten bewässern – und *wie viel*. Die Methoden, die Sie einsetzen, um die Erde und das Saatgut feucht (aber nicht zu feucht) zu halten, sind Ihre Waffen gegen Fäulnis und Schimmel.

Häufig wird beim Microgreen-Anbau der Fehler gemacht, die jungen Pflanzen von oben zu bewässern. Da Microgreens dicht beieinander stehen, wird von oben kommendes Wasser aber vom Blätterdach und von den Stängeln abgefangen und festgehalten, so dass es gar nicht bis zur Erde gelangt. Das Wasser bleibt dann auf den Blättern und Stängeln liegen, wodurch sich Schimmel bildet und die Stängel faulen. Alternativen zur Bewässerung von oben sind die Bewässerung von unten und von der Seite. Bei beiden Methoden wird Wasser direkt der Erde statt den Pflanzen zugeführt.

Bewässerung von unten. Der beste Weg, um Microgreens zu bewässern, die in Behältern gezogen werden, ist die Bewässerung von unten; dazu brauchen Sie nur die Behälter in ein flaches Wasserbad zu stellen und die Erde das Wasser von unten aufnehmen zu lassen. Mehr Informationen über die Bewässerung von unten finden Sie im Kapitel über den Anbau in Behältern (Kapitel 6).

Bewässerung von der Seite. Die bevorzugte Bewässerungsmethode für auf Tabletts gezogene Microgreens ist die von der Seite. Hierfür müssen Sie einfach das Wasser seitlich auf die Erde gießen und den Überschuss abfließen lassen. Mehr Informationen über die Bewässerung von der Seite finden Sie im Kapitel über den Anbau auf Tabletts (Kapitel 7).

Besprühen und abdecken

Zwar ist die Bewässerung von oben unbedingt zu vermeiden, wenn die Keimlinge angefangen haben zu wachsen, aber um die Samen vor dem Keimen feucht zu halten, ist das Besprühen von oben unbedenklich. Besprühen ist sogar unerlässlich, weil uneingeweichte Microgreen-Samen nicht in der Erde vergraben sind und deshalb schnell vertrocknen.

Saatgut besprühen. Nehmen Sie zum Befeuchten des Saatguts nicht die Brause am Küchenspülbecken, da das wahrscheinlich eine sintflutartige Überschwemmung zur Folge hat, durch die sich das Saatgut löst. Probieren Sie lieber eine Sprühflasche oder einen Wasserzerstäuber. Sie können auch den leeren Spritzbehälter eines ungiftigen Haushaltsreinigers umfunktionieren. Um Rückstände komplett zu entfernen, füllen Sie heißes Wasser in den Behälter, lassen Sie das Wasser darin abkühlen und gießen Sie es ab. Wenn Sie diesen Prozess zweimal wiederholen, sollten keine Rückstände mehr vorhanden sein. Um sicherzugehen, dass das Wasser sauber ist, machen Sie eine Geruchs- und Geschmacksprobe.

Treffen Sie auch bei Ihrer Ausrüstung Vorsichtsmaßnahmen gegen Bakterien und Schimmel. Zerlegen Sie zwischen den Ernten die Sprühflasche und nehmen Sie den Sprüher vom Behälter. Stellen Sie den Sprüher auf den Kopf und lassen Sie ihn und die leere Flasche komplett trocknen.

Saatgut abdecken. Legen Sie nach dem Besprühen des Saatguts ein feuchtes Baumwolltuch darüber, um Verdampfung zu verhindern und Feuchtigkeit zu speichern. Nehmen Sie ein dünnes, weiches, breit gewebtes, ungefärbtes Baumwolltuch, ähnlich wie der Stoff eines Bettlakens; vermeiden Sie schwere Stoffe wie Frottee oder Badetücher aus Baumwolle. Schneiden Sie ein Stück Stoff mit den Abmessungen des Behälters oder des Tabletts zurecht. Legen Sie das trockene Tuch auf das Saatgut und besprühen Sie das Tuch mit Wasser. Beim späteren Besprühen kann das Tuch dann an Ort und Stelle gelassen und das Saatgut einfach direkt durch das Tuch besprüht werden. Wenn Sie das Tuch allerdings nicht abnehmen, besteht die Gefahr, die Erde unwissentlich zu übersättigen. Abgedecktes Saatgut muss normalerweise einmal täglich besprüht werden.

Hier sind noch ein paar weitere Vorsichtsmaßnahmen. Ein Tuch ist empfehlenswert, Papiertücher gehen aber auch. Allerdings sind sie nicht so gut geeignet wie Stofftücher, da eingeweichtes Saatgut viel eher an Papiertüchern als an Stofftüchern kleben bleibt. Außerdem sollte nicht alles Saatgut abgedeckt werden. Verwenden Sie keine Tücher, wenn Sie schleimbildendes Saatgut wie Rucola, Basilikum, Kresse und Lein säen, weil die klebrigen Samen sonst am Tuch statt an der Erde haften.

Bei Ihren ersten Pflanzen möchten Sie Tücher vielleicht lieber weglassen, um das sich entfaltende Wunder der Keimung zu beobachten. Das ist verständlich. Natürlich können Sie Tücher auch erst später verwenden oder ganz weglassen. Auch ein durchsichtiger Deckel über dem Behälter hilft, Feuchtigkeit zu binden, und bietet gleichzeitig einen ungestörten Blick auf die Keimung; nehmen Sie also anstelle eines Tuchs einfach den Behälterdeckel. (Weitere Informationen finden Sie im Abschnitt über die Vorbereitung von Behältern auf Seite 80 ff.) Falls Sie keines von beidem verwenden, kontrollieren Sie das Saatgut in jedem Fall zwei- bis dreimal täglich und besprühen Sie es mit Wasser, wenn es trocken aussieht.

Insiderinfo: Erde und Wasser

- Ziehen Sie Microgreens in handelsüblichen Bodenmischungen wie Pflanzenerde, Anzuchtmischung oder einer Kombination daraus.
- Nehmen Sie möglichst Erdmischungen aus biologischem Anbau, aber seien Sie sich bewusst, dass auch Bio-Mischungen unliebsame Inhaltsstoffe enthalten können. Lesen Sie sorgfältig das Etikett.
- Vermeiden Sie generell Düngemittel, wenn Sie Microgreens in Erde ziehen.
- Bevor Sie die Erde in Behälter oder auf Tabletts füllen, geben Sie sie in einen Eimer und rühren Sie genügend Wasser zur Sättigung der Erde ein.
- Seien Sie wählerisch mit dem Wasser, das Sie zum Bewässern Ihrer Microgreens verwenden. Probieren und testen Sie das Wasser, um sicherzugehen, dass es nicht zu stark chloriert ist und keinen unerwünschten pH-Wert hat.
- Um Schimmel- und Fäulnisbildung zu verhindern, vermeiden Sie es, Microgreens von oben zu bewässern. Verwenden Sie die Bewässerungsmethode von unten für Microgreens

in Behältern und von der Seite für Microgreens auf Tabletts.

- Besprühen Sie das Saatgut vor dem Keimen mindestens einmal täglich mit Wasser und lassen Sie es abgedeckt, um Feuchtigkeit zu binden.

4

Keimung und Wachstum fördern

Generell sind zur Keimung Wärme, Wasser und Sauerstoff notwendig. Nach der Keimung benötigen alle Microgreens Licht. Mit einigen Techniken und Hilfsmitteln können Sie die Wärme und das Licht der Sonne simulieren, so dass Sie Microgreens ganzjährig drinnen anbauen können. Faktoren, die draußen das Wachstum fördern, etwa Wind und frische Luft, nutzen auch Ihrem Innengarten und können wie Wärme und Licht ebenfalls simuliert werden.

Richtig einheizen

Wärme und Keimung

Das meiste Saatgut keimt tagsüber bei Raumtemperatur (21 °C) und nachts bei etwas kühleren Temperaturen. Zu dieser Regel gibt es natürlich Ausnahmen; einiges Saatgut wie Sellerie, die meisten Salate und Erbsen benötigen nicht so viel Wärme zum Keimen. Das meiste für Microgreens verwendete Saatgut keimt an beiden Enden der Skala bei Temperaturen zwischen 10 und 29 °C. Sogar drinnen kann der Sommer manchmal zu warm und der Winter zu kalt sein.

Wenn Sie in einem kalten Klima leben und es bei Ihnen im Winter auch drinnen eher kühl ist, können Sie die Keimung fördern, wenn Sie die Microgreen-Behälter oder -Tabletts in die Nähe eines Heizkörpers oder auf eine Heizmatte für Keimlinge stellen. Da solche Heizmatten speziell dafür entwickelt wurden und nur eine niedrige Wattzahl haben, können Plastikbehälter darauf nicht schmelzen. Beachten Sie aber, dass Sie Heizmatten nur mit Bedacht einsetzen sollten, wenn Sie Microgreens in Aufzuchttöpfen oder umfunktionierten Lebensmittelbehältern aus Plastik anbauen, da diese aus Polyethylen bestehen. Durch Wärme können die im Plastik enthaltenen Chemikalien in die Erde migrieren. Deshalb sollten diese Plastikbehälter *nicht* in direkten Kontakt mit Heizmatten gelangen, selbst wenn der Hersteller der Matten angibt, die Verwendung mit Plastik sei unbedenklich.

Wenn Ihre Küchenschränke aus Metall sind, können Sie von Glück sagen. Durch Anbringen einer Heizmatte an der Innenwand eines Metallschrankes schaffen Sie für Ihre Microgreens oder Sprossen einen idealen Ort zum Keimen. Falls Sie keinen Metallschrank haben, können Sie Ihren Keimlingen auch ein Terrarium bauen, indem Sie an den Wänden eines leeren Glasaquariums mit Aluminiumabdeckung Heizmatten befestigen. Sollten Sie dafür im Zoofachhandel ein Aquarium kaufen, finden Sie dort auch Heizmatten für Reptilien, die dieselbe niedrige Wattleistung wie die Matten für Keimlinge haben. Heizmatten für Reptilien sind vielleicht sogar noch praktischer, weil sie an der Unterseite schon mit einer Klebeschicht versehen sind, was sie perfekt geeignet zum Anbringen in Metallschränken oder Glasaquarien macht.

Keimen auf der Überholspur

Die Keimzeit schwankt sehr stark von einer Pflanzenart zur anderen, aber bei Saatgut, dass allgemein als für Microgreens geeignet gilt, können Sie von weniger als einer Woche ausgehen. Die Keimzeiten auf den Saatgutpäckchen können Sie oft außer Acht lassen, weil sie sich auf den Freilandanbau beziehen. Wenn also »ein bis zwei Wochen« darauf steht, wundern Sie sich nicht, wenn Ihr Saatgut schon nach ein bis zwei Tagen keimt. Entsprechend können Sie bei Angabe einer zwei- bis dreiwöchigen Keimzeit vielleicht sogar schon nach zwei bis drei Tagen die ersten zarten Keimlinge entdecken. Das liegt daran, dass Microgreen-Saatgut nicht in der Erde vergraben wird und daher mehr Zugang zu Wärme und Licht hat. Außerdem profitiert drinnen gepflanztes Saatgut von gleichmäßigerer Wärme als Saatgut im Freien.

Beheizte Schränke oder Aquarien können genutzt werden, um vom Herbst bis zum Frühling die Keimung anzukurbeln. Besonders effektiv sind sie im Winter, denn auch wenn die Nachttemperatur in der Küche auf 15,5 °C oder weniger sinkt, bleibt es im Inneren des Schrankes oder Aquariums mindestens 21 °C warm.

Wärme und Wachstum

Nach der Keimung vertragen die meisten Keimlinge Temperaturschwankungen von 15,5 bis 27 °C. Dill, Salat, Zwiebeln, Erbsen und die meisten *Brassica*-Arten gedeihen sehr gut bei 15,5 °C und sind ideale Winterpflanzen. Kühlere Temperaturen können sogar die Pigmentierung von *Brassica* verstärken; so werden zum Beispiel die Blätter von rotem Pak Choi rosig, und die violetten Stängel der Speiserübe bekommen bei relativ kühlen Temperaturen einen bläulichen Stich.

Andererseits können kühlere Temperaturen das Wachstum vieler Microgreen-Arten verlangsamen, die keine *Brassica*-Arten sind, wie Rüben, Möhren, Sellerie, viele Kräuter, einige Salate und Sonnenblumen. Im Sommer können diese Microgreens nach nur einer Woche Wachstum geerntet werden, sie können aber an kälteren Wintertagen bei kürzerer Sonneneinstrahlung bis zu zwei Wochen brauchen, um zu reifen. Und bestimmte Microgreens wie Basilikum schalten bei 15,5 bis 18 °C ganz auf stur. Bei diesen können Sie den Anbau einfach auf den Frühling verlegen.

Licht regulieren

Licht und Keimung

Während Wärme die Keimung fördert, ist Licht dafür viel weniger wichtig (weshalb Sie Microgreens auch erfolgreich in einem Metallschrank keimen lassen können). Drinnen ist das meiste Microgreen-Saatgut nicht zimperlich und keimt gleich gut sowohl bei Tageslicht als auch im Dunkeln. Freilandanbauer säen Saatgut unter einer Schicht Erde aus, um es vor Sonne, Wind und pickenden Vögeln zu schützen, denn die Dunkelheit unter der Erde beeinflusst die Keimung normalerweise nicht. Unterschiedliche Samen haben unterschiedliche Bedürfnisse, aber eines haben sie alle gemeinsam: Nach der Keimung brauchen alle Pflanzen Licht, auch Microgreens.

Licht und Wachstum

Sonne ist der Goldstandard – direktes Sonnenlicht fördert ein besonders saftiges Pflanzenwachstum. Für beste Ergebnisse sollten Microgreens mindestens zehn Stunden Licht und mindestens sechs Stunden Dunkelheit pro Tag erhalten. Bei schwachem oder geringem Sonnenlicht brauchen Microgreens mehr Tage zum Wachsen, aber sie wachsen; nötigenfalls kann manchmal schon indirektes Sonnenlicht ausreichen, solange die Keimlinge auf der Fensterbank stehen. Einige Keimlinge gedeihen tatsächlich nur in indirektem Sonnenlicht (siehe Tabelle 4).

Tabelle 4 – Microgreens, die gut in indirektem Sonnenlicht wachsen

Brassica	Kräuter	Andere
Rucola	Kerbel	Amarant
Einige Pak Chois (Halbschatten)	Koriander (in der ersten Woche)	Salat (viele Sorten)
Die meisten Senfpflanzen	Dill	
Tatsoi		

Die Begriffe »direktes Licht«, »direktes Sonnenlicht« und »pralle Sonne« sind Synonyme. Auch »indirektes Licht«, »indirektes Sonnenlicht« und »Schatten« meinen dieselben Bedingungen. Verwechseln Sie allerdings nicht *indirektes* Licht mit *unzureichendem* Licht. Indirektes Sonnenlicht am Fenster kann für einige Microgreens ausreichend sein, aber unzureichendes Licht fördert die falsche Art von Wachstum. Keimlinge auf der Suche nach Licht wachsen in die Höhe (was bei Microgreens unerwünscht ist). Auch fehlen ihnen Stärke und Triebkraft, und sie entwickeln nicht die tiefgrüne Farbe, die anzeigt, dass sie reich an Chlorophyll sind, dem Kennzeichen gesunder Microgreens.

Mit ausreichend Sonnenlicht wachsen Microgreens eher in die Breite statt in die Höhe, was wünschenswert ist. Bei unzureichendem Licht entwickeln die Keimlinge lange, labile Stängel in dem vergeblichen Versuch, an mehr Licht zu gelangen. Gärtner nennen dieses traurige Stadium »Hochläufigkeit«, und Sie sollten es tunlichst vermeiden, weil hochläufige Greens eher zäh und bitter sind. Manche Microgreen-Anbauer versuchen, Hochläufigkeit entgegenzuwirken, indem sie die Keimlinge nach der Keimung ein bis zwei Tage im

Dunkeln halten. Bei dieser Methode werden die Microgreens mit einer Platte oder einem anderen Gewicht abgedeckt. So beschwert entwickeln die Keimlinge starke und stämmige Stängel, werden aber tendenziell auch faserig und bitter.

Das Chlorophyll in den Blättern wandelt Lichtenergie in Zucker, Stärke und andere reichhaltige Nährstoffe um. Auch verleiht es dunklem Blattgemüse seine tiefgrüne Farbe. Je dunkler und reicher das Grün im Blatt einer Pflanze ist, desto mehr Chlorophyll hat sie, und mehr Chlorophyll bedeutet, dass die Pflanze größere Mengen an Phytonährstoffen und Zucker bilden kann. Mehr Zucker schließlich bedeutet schmackhafteres Gemüse.

Sonnenlicht nutzen

Eine beliebte Methode, Licht zur Verfügung zu stellen, ist es, Microgreens drinnen vor einem Fenster zu ziehen. Zwar filtert Glas den Großteil des ultravioletten Lichtspektrums heraus, aber Microgreens können auch ohne Vollspektrum gedeihen. Einfach verglaste Fenster sind nutzbar, wenn sie einen Treibhauseffekt bewirken und die Temperaturen nicht zu hoch sind. Aber wenn das Sonnenlicht durch das Glas in einen kleinen, beengten Raum mit schlechter Belüftung scheint, können Microgreens bei warmem Wetter geradezu verbrennen.

Schon wenn nur ein einziges Fenster mindestens einen halben Tag lang direktes Sonnenlicht bietet, haben Sie genügend Licht, um Microgreens zu ziehen. Falls die Fensterbank zu klein für Ihre Behälter oder Tabletts mit Microgreens ist, überlegen Sie sich, vor dem Fenster Regale aufzustellen. Das geht günstig mit Materialien wie Kiefernholzbrettern und einfachen Metallklammern. Wenn Sie vor dem Fenster Regale installieren, sind Sie vielleicht überrascht und enttäuscht, wie viel Licht die Regale aussperren. Dem können Sie sehr gut abhelfen, indem Sie die Regale in Hochglanzweiß lackieren, das viel Licht reflektiert. Auch wenn Sie Regale vor dem Fenster aufstellen müssen, werden die Materialkosten aufgewogen, wenn Sie dadurch künstliche Beleuchtung durch Strom vermeiden können.

Künstliches Licht nutzen

Für den Microgreen-Anbau ist natürliches Sonnenlicht wünschenswert, aber wie viel Licht verfügbar ist, hängt letztendlich von Ihrem Wohnort und der Jahreszeit ab. Eine sinnvolle Methode zur Ergänzung von natürlichem Licht ist die elektrische Innenbeleuchtung. Nutzen Sie künstliche Beleuchtung zusätzlich zu natürlichem Sonnenlicht, nicht als Ersatz. Auf diese Weise müssen Sie nur einen Teil des Jahres und des Tages künstliches Licht verwenden. Im Vergleich zu Sommerlicht ist Winterlicht nicht nur einige Stunden kürzer, sondern auch schwächer. Möglicherweise müssen Sie deshalb das Tageslicht nur im Winter mit künstlichem Licht verlängern; stellen Sie sich elektrisches Licht als Übergangsdämmerlicht statt als Mittagssonne vor.

Planen Sie, Ihre Microgreens zehn Stunden oder länger kombiniertem natürlichem und künstlichem Licht auszusetzen, so als würden Sie die Pflanzen komplett in natürlichem Tageslicht ziehen. Lange Stunden natürliches Licht haben eine natürliche Grenze, was eine gute Sache ist. Künstliches Licht kann diese Grenze überschreiten, und das ist nicht wünschenswert. Unbegrenztes Licht bedeutet nicht automatisch unbegrenztes Wachstum; Pflanzen brauchen mindestens sechs Stunden Dunkelheit. Während dieser Zeit verstoffwechseln sie und wandeln Kohlenhydrate in Pflanzengewebe um, vertiefen die Wurzeln, verdicken die Stängel und verbreitern die Blätter.

Um die Ernte zu maximieren, beleuchten einige Erzeuger an den letzten zwei bis drei Tagen vor der Ernte ihre Pflanzen 24 Stunden am Tag elektrisch. Bei ununterbrochenem Licht ohne Dunkelheit erzeugen Microgreens weiter Stärke und Zucker, verstoffwechseln sie aber nur minimal, was zu einer höheren *Menge*, aber nicht zu höherer *Qualität* führt. Auch wenn man es ihnen nach nur zwei bis drei Tagen Dauerlicht noch nicht ansieht, setzt es die Pflanzen unter Stress.

Microgreens, die rund um die Uhr unter künstlichem Licht gezogen werden, bieten nicht denselben Nährstoffgehalt wie solche, die unter naturähnlichen Bedingungen angebaut werden. Das spiegelt sich im Geschmack der Pflanzen wider: Es besteht ein deutlicher Unterschied zwischen dem faden, bitteren Aroma von Microgreens, die unter Dauerlicht angebaut wurden, und dem intensiven, süßen Aroma von Microgreens, die abwechselnd in Licht und Dunkelheit gewachsen sind.

Den Schalter umlegen

Da Microgreens normalerweise nur ein bis zwei Wochen lang wachsen, gedeihen sie genauso gut auch unter standardmäßigen tageslichtweißen Leuchtstofflampen oder Vollspektrum-Wachstumslampen. Falls Sie bereits Standard-Leuchtstofflampen besitzen (vielleicht nutzen Sie diese Lampenart ja gerade zum Lesen dieser Seite), nutzen Sie, was Sie schon haben, für den Microgreens-Anbau. Eine einzelne Leuchtstoffröhre kann schon ausreichen, wenn sie nahe über Ihren Pflanzen schwebt, zwei sind aber besser. Leuchtstofflampen flackern durchgehend, allerdings schneller als vom menschlichen Auge erkennbar. Deshalb haben Leuchtstofflampen meist doppelte Röhren, bei denen ein Rohr das andere ausgleicht.

Vollspektrum-Leuchten brauchen Sie, wenn Sie Pflanzen mit Blüte oder Fruchtbildung anbauen, aber Microgreens erreichen niemals dieses Stadium. Dennoch können beim Microgreen-Anbau Vollspektrum-Leuchten durchaus effektiv sein. Verwenden Sie auch hier einfach, was Sie schon haben. Wenn Sie also bereits Vollspektrum-Leuchten besitzen, nutzen Sie sie als Wachstumslampen. Zusätzliche Beleuchtung beim Microgreen-Anbau muss nicht kompliziert oder teuer sein. In manchen kostspieligen Anlagen sind die Leuchten an Ketten aufgehängt, damit sie an die Pflanzenhöhe angepasst werden können und immer nahe über den Pflanzen schweben. Solche aufwändigen Arrangements sind gar nicht nötig; stattdessen können Sie den Abstand zwischen den Leuchten und den Pflanzen ganz einfach dadurch regeln, dass Sie die Behälter oder Tabletts auf verschieden große leere Pappkartons unter die Leuchten stellen.

Licht mit einfachen Reflektoren optimieren

Reflektoren können sowohl natürliches Sonnenlicht als auch künstliches Licht intensivieren. Um Reflektoren selbst herzustellen, brauchen Sie keine sperrigen Spiegel; leichte weiße Pappe funktioniert ganz wunderbar. Da die Unterseite von Produktkartons meistens weiß ist, könnte Ihr örtliches Lebensmittelgeschäft eine praktische, kostengünstige Bezugsquelle sein. Deluxe-Reflektoren lassen sich aus weißen Schaumstoffplatten herstellen, die aus zwei Tafeln mit Schaumstoffkern bestehen. Schauen Sie in Büro- und Künstlerbedarfsläden nach Schaumstoffplatten. Auch folienbeschichtete Pappe ist eine Option: Aluminiumfolie ist reflektierender als weißer Schaumstoff, könnte allerdings auch etwas unschön sein. Die Hightech-Version ist metallisiertes Mylar, eine Kunststofffolie, die mit Aluminium überzogen ist. Einige sehr große, gut sortierte Gartenbaumärkte führen metallisiertes Mylar, aber auch kleine Sportgeschäfte, wo Mylar in Form von Isoliermatten oder Rettungsdecken verkauft wird.

Um einen Reflektor herzustellen, schneiden Sie die Platten auf die gewünschte Größe, überziehen Sie sie mit Folie oder Mylar und stellen Sie die Platten um die Microgreens herum auf. Damit die Platten aufrecht stehen, stellen Sie eine Falz her, die Sie unter dem Tablett mit den Microgreens verankern können; falten Sie dazu einfach die Platte 5 bis 7,5 cm vom Rand entfernt und schieben Sie die Faltkante unter das Tablett. Hierdurch entsteht ein leichter Lichtkasten, der bei Nichtgebrauch zerlegbar ist und leicht verstaut werden kann. Falls natürliches Sonnenlicht Ihre Lichtquelle ist, wirkt schon eine einzige Platte Wunder.

Ausreichend belüften

Wenn Wind auf Pflanzen trifft und Widerstand erzeugt, wachsen sie kräftiger. Die Innenraumluft, in der Sie höchstwahrscheinlich Ihre Microgreens ziehen, bewegt sich allerdings relativ wenig. Um trotzdem einen Hauch von Widerstand zu erzeugen, überlegen Sie sich, Ihre Microgreens einmal täglich sanft durchzublättern, wie Sie es mit den Seiten eines Buches tun würden. Zusätzlich können Sie auch Ventilatoren einsetzen, um die Luft zum Zirkulieren zu bringen und auch um Ihre Microgreens vor Schimmelbildung zu schützen. Damit sind natürlich auch Kosten verbunden: Künstlicher Wind verbraucht nicht weniger Strom als künstliches Licht.

Insider-Info: Keimung und Wachstum

- Ihre Microgreens brauchen Wärme zum Keimen und Licht zum Wachsen.
- Verwenden Sie Heizmatten für Keimlinge oder Reptilien, um Wärme zum Keimen bereitzustellen. Beide Arten von Matten können an den Wänden eines Metallschrankes oder Glasaquariums angebracht werden, um einen idealen Ort zum Keimen zu schaffen.
- Gehen Sie davon aus, dass Ihr Saatgut wesentlich schneller keimt als auf den Saatgutpäckchen angegeben.
- Gehen Sie bei kühlerem Wetter davon aus, dass Mitglieder der Gattung Brassica gut gedeihen; andere wachsen langsamer. Warten Sie bis zum Frühling, um Pflanzen zu ziehen, die nicht so gut mit kühlem Wetter zurechtkommen (zum Beispiel Basilikum).
- Setzen Sie Ihre Microgreens mindestens zehn Stunden Licht und sechs Stunden Dunkelheit pro Tag aus.
- Sorgen Sie für ausreichend Licht, um das Wachstum saftiger, süßer, grüner Blätter zu fördern und die Bildung langer, bitterer und faseriger Stängel zu vermeiden.
- Um natürliches Sonnenlicht bereitzustellen, bauen Sie Microgreens entweder draußen oder drinnen vor einem Fenster an; treffen Sie in jedem Fall Vorkehrungen gegen Hitzeschäden.

- Wenn Sie Microgreens drinnen anbauen, verwenden Sie bei Bedarf auch künstliches Licht. Verwenden Sie entweder Standard-Leuchtstofflampen oder Vollspektrum-Leuchten als elektrische Wachstumslampen.
- Stellen Sie einfache Reflektoren aus Pappe oder Schaumstoffplatten her, um natürliches oder künstliches Licht zu optimieren.

Sonnenblumen:
Rechts: vier Tage Dunkelheit und zwei Tage kontinuierliches Sonnenlicht sowie künstliches Licht.
Links: zwei Tage Dunkelheit und vier Tage nur Sonnenlicht.

5

Ernte und Lagerung

Gleich, ob Sie sich entscheiden, Microgreens in Behältern oder auf Tabletts anzubauen (siehe Kapitel 6 und 7) – Ernte und Lagerung der Greens sind sich relativ ähnlich. Der Schlüssel zum Erfolg liegt darin zu wissen, wann die Greens zu ernten, welche Werkzeuge zu verwenden, wo die Stängel zu kappen und, wie immer, wie Bakterien oder Schimmel zu verhindern sind. Und zu guter Letzt trägt auch das Wissen um die richtige Lagerung der Greens dazu bei, dass sich Ihre Mühe am Ende lohnt.

Der richtige Zeitpunkt

Der einzige Weg, um herauszufinden, ob Ihre Greens ihren süßesten, saftigsten Punkt erreicht haben, ist es, sie täglich zu probieren. Machen Sie sich bei jedem Geschmackstest Notizen über die Süße und auch über die Textur der Pflanze. Ist sie noch zart oder wird sie faseriger? Protokollieren Sie die optimalen Erntezeitpunkte für bestimmte Pflanzen oder Saatgutchargen in unterschiedlichen Jahreszeiten.

Wahrscheinlich werden Sie feststellen, dass Microgreens ihre optimale Saftigkeit während des Keimblattstadiums erreichen, bevor die zweite Blattgruppe der Laubblätter entsteht. Auch schmecken die meisten Microgreens süßer, wenn sie nur bis zum Keimblattstadium wachsen, in dem die Blätter mehr Phytonährstoffe enthalten. Wenn Sie erst ernten, nachdem die Laubblätter sich vollständig entwickelt haben, wird Ihre Ernte größer und höher, aber wahrscheinlich auch leicht bitter und zäh sein. (Mehr Informationen über das Keim- und Laubblattstadium finden Sie in Kapitel 1.)

Die Blätter vor der Ernte zu probieren ist notwendig, weil die obigen Verallgemeinerungen nicht immer gelten. Einige Microgreens schmecken besser, wenn Sie im Laubblattstadium geerntet werden. So sind in diesem Stadium zum Beispiel Senfpflanzen milder und die meisten Salate weniger bitter. Andere Pflanzen schmecken in beiden Stadien gleich, aber die Textur kann im Laubblattstadium, wenn die Pflanzen faseriger werden, weniger genießbar sein.

Privatanbauer können sich ihre Erntezeiten nach Geschmack und Saftigkeit aussuchen, während kommerzielle Anbauer Faktoren wie Kräftigkeit und Volumen der Pflanzen berücksichtigen müssen. Die meisten kommerziellen Microgreens werden bis zum Laubblattstadium gezogen, weil sie sich im Keimblattstadium sehr ähnlich sehen und auch zu zart zum Verpacken und Versenden sind. Salat-Microgreens sind in beiden Stadien besonders empfindlich, weshalb sie selten angebaut oder im Handel verkauft werden. Pflanzen im Laubblattstadium haben außerdem mehr Gewicht und Volumen als im Keimblattstadium, ein Faktor, der für kommerzielle Anbauer wichtig ist.

Schalen entfernen

Klopfen Sie vor der Ernte so viele der an den Microgreen-Blättern haftenden Schalen oder Hülsen ab wie möglich – und so vorsichtig wie möglich. Es ist wesentlich einfacher, Schalen zu entdecken und zu entfernen, wenn die Microgreens noch fest in der Erde verwurzelt sind, wodurch eine Hebelwirkung entsteht. Wenn Sie diesen Schritt erst nach der Ernte durchführen, wird die Aufgabe schwieriger. Schalen haften gerne an Pflanzen wie Rüben, Mangold, Koriander, Fenchel, Bockshornklee, Rettich, Sonnenblumen und einigen Salatsorten. Andere Keimlinge spielen beim Thema Schalen aber noch in einer ganz anderen Liga: An Spinat zum Beispiel haften Schalen so hartnäckig, dass diese Pflanze gar nicht als Microgreen gezogen werden kann (siehe Kasten, Seite 16).

Um vor der Ernte die Schalen loszuwerden, halten Sie den Behälter oder das Tablett fest über einen Abfalleimer oder einen Ausguss, drehen Sie sie, bis sie fast vertikal stehen, und verpassen Sie den Microgreens eine »Massage«, indem Sie sanft mit den Fingerkuppen über die Blattspitzen streichen.

Einige widerspenstige Schalen werden sogar nach dieser Prozedur noch haften bleiben. Als Option bleibt Ihnen dann noch, entweder die Schalen zu essen, falls sie weich sind, oder sie (nötigenfalls einzeln) abzupflücken, falls sie hart sind. Weiche Schalen wie von Fenchel, Bockshornklee, Salat und Rettich können zusammen mit den Blättern gegessen werden. Diese Schalen sind schmackhaft und liefern eine gesunde Dosis Ballaststoffe. Härtere Schalen wie von Rüben, Mangold, Koriander und Sonnenblumen sind weder schmackhaft noch essbar. Sie müssen vor dem Verzehr der Microgreens entfernt werden.

Erntewerkzeuge

Im Vergleich zu anderen Gartenbauarten braucht man zum Microgreen-Anbau nur wenige Utensilien. Ganz wichtig ist aber eine scharfe Schere. Sie sollten ein Exemplar einzig und allein zur Microgreen-Ernte verwenden. Eine scharfe Schere garantiert einen sauberen Schnitt, und Microgreens halten sich nach dem Ernten länger, wenn die Stängel sauber gekappt wurden. Ausgefranste Schnittlinien an den Stängeln können zu Fäulnis oder Bakterienwachstum führen, besonders bei Microgreens, die im Kühlschrank gelagert und nicht sofort verzehrt werden. Wählen Sie eine Schere mit langen, scharfen Scherenblättern. Komplett aus Stahl gefertigte Scheren sind einfach zu reinigen; Scheren mit Plastikgriffen können da etwas umständlich sein, besonders wenn das Plastik bis an die Gelenke reicht. Einige Plastikgriffe haben eine antimikrobielle Beschichtung, was manche vielleicht bevorzugen.

Alternativ können Sie auch eine Gartenschere verwenden, die in Gartenbaumärkten erhältlich ist, oder eine Kräuterschere, die

Sie in Küchenbedarfsgeschäften finden. Sie sind allerdings nicht ideal, weil sie meist lange Griffe, aber kurze Blätter haben. Ein Plus ist wiederum, dass sich bei einigen Gartenscheren (und auch einigen Küchenscheren) die Blätter zur einfachen, effektiven Reinigung zerlegen lassen.

Vielleicht entscheiden Sie sich auch für Friseurscheren, die man in Apotheken und Friseurbedarfsgeschäften kaufen kann. Sie haben dünne Blätter, die gut für selektive, punktuelle Ernten geeignet sind. Ihr Nachteil ist, dass sie relativ teuer sein können und manchmal nur Scheren mit kurzen Blättern erhältlich sind. Da Scheren ein wichtiges Utensil im Microgreen-Anbau sind, behandeln Sie sie pfleglich. Wischen Sie die Scherenblätter nach der Microgreen-Ernte sauber, waschen Sie die Schere und trocknen Sie sie ab.

Warten lohnt sich: die willkommene zweite Erntewelle

Eine verzögerte Keimung ist die Versicherung der Natur gegen die Ausrottung einer Pflanzenart aufgrund von schlechten Anbaubedingungen oder Missernten. Auch beim Microgreen-Anbau werden Sie ab und zu eine verzögerte Keimung feststellen.

Viele Pflanzen haben noch eine Spätzünderwelle in petto, bei der bisher nicht gekeimtes Saatgut doch noch zum Leben erwacht. So kann es zum Beispiel bei Rucola, Basilikum, Rüben, Majoran, Rettich und Sonnenblumen eine großzügige zweite Erntewelle geben, so dass sich das Warten durchaus lohnt. Einige Samen, etwa die von Sonnenblumen, keimen auch noch in einer dritten, vierten und sogar fünften Erntewelle. Bei den meisten Arten fällt die zweite Ernte aber eher dürftig aus.

Je größer der Samen ist, desto größer ist im Allgemeinen auch der Ertrag der zweiten Erntewelle. Das erklärt, warum es bei Sonnenblumen-Greens, die sich aus großen Samen entwickeln, zu viel mehr Erntewellen kommt als bei anderen. Rettich, eine *Brassica*-Art mit vergleichsweise großen Samen, hat eine moderate zweite Erntewelle, die meisten anderen Kohlarten der Gattung *Brassica* (mit der Ausnahme von japanischem Mizuna) so gut wie keine.

Die meisten schleimbildenden Samen (die im nassen Zustand klebrig werden) sind zwar winzig, produzieren aber eine beachtliche zweite Erntewelle, teilweise weil der zähe Film, den sie auf der Erde bilden, die Keimung der Samen unter der Oberfläche verzögert. Basilikum führt die Liste schleimbildender Samen mit einer achtbaren zweiten Erntewelle an, was gut zu wissen ist, da Basilikumsamen teuer sein können. Verständlicherweise sind Anbauer eher zahlungswillig, wenn sie bei ihrem Saatgut von einer späteren Erntewelle ausgehen können. Einige Samen sind immer Spätzünder und brauchen länger zum Keimen als andere. Die Verzögerung ist meist nur kurz, vielleicht eine Woche oder etwas länger, was die zweite Erntewelle bei Microgreens erklärt. In seltenen Fällen können draußen gesäte Samen allerdings auch erst ein volles Jahr später keimen als die restliche Charge.

Erntemethoden

Wenn Sie Microgreens in kleinen Behältern gezogen haben, werden Sie wahrscheinlich alle Greens eines Behälters gleichzeitig ernten. Halten Sie hierfür den Behälter über einen Teller, neigen Sie den Behälter zur Seite, schneiden Sie die Stängel so nah an der Erde wie möglich mit der Schere ab und die Stecklinge fallen auf den Teller.

Wenn Sie nicht alle Greens gleichzeitig ernten möchten, verfahren Sie genauso punktuell wie bei der Ernte von Microgreens auf Tabletts. (Kapitel 6 und 7 enthalten genauere Informationen über Erntemethoden für den Anbau in Behältern oder auf Tabletts.) Stutzen Sie die Greens mit der Schere in Parzellen oder Reihen und hinterlassen Sie Bereiche, in die die übrigen Greens sich beim Wachsen hineinneigen können.

Kappen Sie die Stängel für die erste Ernte *direkt über der Erde.* Falls es sich um eine Teilernte handelt und Sie die übrigen Greens länger als eine Woche weiterwachsen lassen, könnte sich Schimmel auf den Stoppeln der abgeernteten Parzellen bilden, und diesen will man so weit von den noch nicht geernteten Greens entfernt haben wie möglich. Um Schimmel zu vermeiden, ziehen Sie die Wurzeln und andere Reste bereits geernteter Pflanzen heraus. Oder betrachten Sie alternativ das erste Anzeichen von Schimmel als Hinweis, dass es Zeit ist, auch die übrigen Pflanzen zu ernten.

Wenn Sie die übrigen Greens als Teilernte oder zweite Welle ernten (siehe Randleiste, Seite 67 f.), können Sie die Stängel auch direkt unter den Blättern kappen. Das hilft, um Schimmel zu vermeiden, der sich eventuell auf den Resten früherer Ernten gebildet hat. Blätter schmecken in jedem Fall besser als Stängel.

Spülen ist nicht nötig

Wenn Sie Ihre Microgreens (oder genauer die Erde) nur von unten oder von der Seite bewässert haben, dürfte sich keine Erde auf der Unterseite der Stängel oder Blätter befinden. Wenn dort keine Erde haftet, brauchen Sie Ihre Ernte auch nicht zu spülen. Vor allem sollten Sie Microgreens nicht spülen, wenn Sie vorhaben, sie kühl zu stellen. Feuchtigkeit erhöht das Fäulnisrisiko, auch bei gekühlten Greens. Wenn Sie feststellen, dass Erde an den Stängeln oder Blättern haftet, und Sie Ihre Microgreens spülen möchten, trocknen Sie sie gründlich auf einem weichen Handtuch oder in einer Salatschleuder, bevor Sie sie in den Kühlschrank legen.

So lagern Sie Ihre Microgreens

Zu den wunderbaren Dingen beim Microgreen-Anbau gehört, dass die Greens oft genau dann geerntet werden können, wenn Sie sie essen möchten. Falls nicht, stellen Sie alles kühl, was nicht sofort gegessen werden soll.

Am besten lagern Sie geschnittene Greens in einem Glasgefäß oder lebensmittelechten Plastikbehälter mit Deckel. Nötigenfalls können Microgreens auch in einem Beutel gelagert werden, wenn Sie vorsichtig mit den Greens und dem Beutel hantieren. Stellen Sie das Kühlschrankthermostat nah an den Gefrierpunkt, dann bleibt Ihre Ernte zwei Wochen oder länger frisch.

Wenn Sie Microgreens zum Beispiel in umfunktionierten 500-g- oder 250-g-Behältern anbauen, können Sie die Greens komplett mit Erde und Behälter in den Kühlschrank stellen, wenn die Greens erntereif sind, Sie sie aber noch nicht verzehren möchten. Nach einer Woche muss die Erde eventuell etwas eingeweicht werden, dann bleiben die Greens noch eine weitere Woche frisch. Das ist einer von mehreren Vorteilen des Anbaus in Behältern statt auf Tabletts. Mehr Tipps zum Kühlstellen der Greens in ihren Anzuchtbehältern finden Sie in der Randleiste auf Seite 88.

Hinweis: Zwei Arten von Microgreens sollten Sie niemals im Kühlschrank lagern: Amarant und Basilikum verderben bei Kälte.

Saatgut für später aufsparen und gratis essen

Microgreen-Saatgut für später aufzusparen ist ganz einfach. Pflanzen Sie überschüssige Keimlinge draußen im Freien während der Pflanzsaison an, wenn die Bedingungen optimal sind. Wenn die Pflanzen reif werden, ernten Sie sie nicht, sondern lassen Sie sie auswachsen und ernten Sie die Samen. Auf diese Weise erhalten Sie das benötigte Saatgut, um mehr Microgreens auszusäen, und brauchen keinen einzigen Blick mehr in Saatgutkataloge zu werfen.

Reinigung - der Schlüssel zu dauerhaftem Erfolg

Eine konsequente Reinigungsroutine nach der Ernte ist eine gute Idee. Auch noch zum Ende hin müssen Sie wachsam bleiben und auf die Bildung von Bakterien oder Schimmel achten (eines von beiden kann auftreten, aber nicht beide gleichzeitig, da Pilzwachstum die Bakterienbildung unterdrückt). Hier ein paar bewährte Tipps:

Erde entsorgen. Entsorgen Sie nach einer vollen Ernte die wurzeldurchzogene Erde, die sich noch in den Behältern oder auf den Tabletts befindet. Schütten Sie die Erde wenn möglich draußen aus, wo tierische Besucher sich über noch genießbare Reste freuen.

Behälter und Tabletts reinigen. Bürsten oder schütteln Sie Erdablagerungen oder Wurzelteile ab und lassen Sie die leeren Behälter oder Tabletts an der Luft trocknen. Stellen Sie die Behälter oder Tabletts möglichst in direktes Sonnenlicht vor ein sonniges Fenster, denn Sonnenlicht ist ein wirksames Antiseptikum. Gönnen Sie den Behältern oder Tabletts eine Pause und lassen Sie sie zwischen den Ernten mehrere Tage leer und trocken stehen.

Diese Schritte dürften die Bildung von Bakterien oder Schimmel verhindern, aber vielleicht haben Sie Anlass zu noch größerer Vorsicht, etwa wenn in Ihrem Haushalt Kinder, Genesende oder Senioren sind, die krankheitsanfälliger sein könnten. Sie können die Behälter oder Tabletts mit einer verdünnten Lösung aus destilliertem weißen Essig (halb Wasser, halb Essig) spülen. Wenn das nichts bewirkt, verwenden Sie einen Schimmelreiniger auf Enzymbasis. Sollten die Anzeichen von Schimmel fortbestehen, spülen Sie die Behälter oder

Tabletts mit einer verdünnten Wasserstoffperoxid-Lösung oder (als letztes Mittel) einer verdünnten Bleichmittel-Lösung, die professionelle Microgreen-Erzeuger zum Spülen der Aufzuchtschalen verwenden. Stellen Sie eine verdünnte Bleichmittel-Lösung aus mindestens neun Teilen Wasser und einem Teil Bleichmittel her. Die erforderliche Wasserstoffperoxid-Verdünnung hängt von der Konzentration ab, die Sie verwenden. Die übliche dreiprozentige Lösung ist bereits mild, wohingegen bei einer Lebensmittelqualität-Konzentration von 35 Prozent eine hohe Verdünnung ähnlich wie bei Bleichmittel notwendig ist.

Hartnäckige Reste entfernen. Gleich, wie sorgfältig Sie Ihre Microgreens ernten, einige Stängel und Blätter werden sich wahrscheinlich auf Arbeitsplatte, Küchentisch oder Küchenboden wiederfinden. Diese Verunreinigungen können schwierig zu entfernen sein, da sie

feucht sind und an trockenen Flächen haften. Wenn Sie versuchen, sie mit einem feuchten oder trockenen Tuch oder Schwamm wegzuwischen, wird der Schlamassel vielleicht noch größer. Aber wenn Sie mit der Reinigung noch warten, verwelken und vertrocknen die unschönen Reste, wodurch sie noch klebriger werden.

Ein in diesem Stadium sehr nützliches Küchenutensil ist der Schaber, üblicherweise ein Blech aus nichtrostendem Stahl mit Plastikgriff. Das breite Ende des Schabers ist wie ein Messer abgeschrägt, aber nur an einer Seite, und die Kante ist nicht so scharf wie bei einem Messer. Schieben Sie den Schaber über die Arbeitsplatte oder den Tisch und die Pflanzenreste werden mit- und darauf geschoben, so dass sie dann ganz einfach entsorgt werden können. Einmal benutzt, werden Sie den Schaber als unerlässliches »Gartenwerkzeug« nicht mehr missen wollen.

Insider-Info: Ernte und Lagerung

- Ernten Sie Microgreens, wenn sie am süßtesten und saftigsten sind. Probieren Sie die Greens täglich, um herauszufinden, wann sie ihren geschmacklichen Höhepunkt erreicht haben.
- Streichen Sie kurz vor der Ernte vorsichtig über die Microgreens, wenn sie noch in der Erde wurzeln, um Schalen oder Hülsen zu entfernen.
- Verwenden Sie für die Ernte eine scharfe Schere zum Abschneiden der Stängel. Kappen Sie die Stängel zunächst dicht über der Erde. Bei Teilernten oder bei zweiten oder

späteren Erntewellen schneiden Sie die Stängel nah an den Blättern ab.

- Vermeiden Sie es, Microgreens mit Wasser zu spülen, wenn sie nicht sichtbar verschmutzt sind. Falls Sie doch spülen müssen, lassen Sie die Microgreens vollständig trocknen, bevor Sie sie in den Kühlschrank legen.
- Lagern Sie geerntete Microgreens in einem verschlossenen Behälter im Kühlschrank.
- Reinigen und trocknen Sie die Behälter und Tabletts zwischen den Ernten, um die Bildung von Bakterien oder Schimmel zu vermeiden. Verwenden Sie dafür nötigenfalls verdünnte Essig-, Wasserstoffperoxid- oder Bleichmittel-Lösungen.
- Nutzen Sie einen Küchenschaber, um Stängel, Blätter und andere Pflanzenreste ganz einfach von Arbeitsplatten und Tischen zu entfernen.

6
Anbau in Behältern

Die Ausrüstung für den Anbau in Behältern kann einfach und kostengünstig sein, wenn Sie bestimmte Lebensmittelverpackungen umfunktionieren. So sind zum Beispiel durchsichtige Plastikbehälter für Beeren wunderbar für den Microgreen-Anbau geeignet, aber es gibt noch weitere Optionen, von denen einige in diesem Kapitel vorgestellt werden.

Umfunktionierte Behälter sind gut für den Microgreen-Anbau geeignet, weil sie leicht und vielseitig sind und gut auf die meisten Fensterbänke passen. Die Alternative zu umfunktionierten Lebensmittelbehältern sind Tabletts (siehe Kapitel 7). Der Vorteil von Tabletts ist, dass man mehr Microgreens gleichzeitig ziehen kann, aber die höhere Effizienz hat auch Nachteile. Zum einen können Tabletts sperrig sein, von ihnen kann man schnell einmal Erde oder Wasser verschütten. Zum anderen passen Tabletts selten auf Fensterbänke, was ungünstig ist, wenn Sie keine große Fläche vor dem Fenster zur Verfügung haben.

Wie in Kapitel 3 beschrieben, werden in Behältern angebaute Microgreens von unten bewässert. Hierzu werden Behälter mit Löchern an der Unterseite in ein flaches Wasserbad gestellt, so dass die Erde das Wasser direkt von unten aufnimmt. Diese Bewässerungsmethode ist der Schlüssel zu schimmelfreien Microgreens, ein Thema, auf das in diesem Kapitel noch ausführlicher eingegangen wird. Auf Tabletts angebaute Microgreens lassen sich nicht von unten bewässern; hier lässt sich aber mit der Bewässerung von der Seite Schimmelbildung verhindern (siehe Kapitel 7).

Erwähnenswert ist an dieser Stelle, dass kleine Behälter den Vorteil von etwas mehr Ausbreitungsfläche haben, weil die Pflanzen sich nach außen neigen und über die Abmessungen des Behälters hinaus wachsen können, so dass mehr Saatgut hineinpasst. Tabletts dagegen haben hohe Ränder und eine breite Fläche, die keine Ausbreitung über die Grenzen hinaus zulassen.

Die besten Behälter zum Umfunktionieren

Behälter für frisches Obst und Gemüse sind ideal für den Microgreen-Anbau. Auch andere gebräuchliche Behältnisse, wie zum Beispiel für Hummus, Tofu oder Joghurt, sind eine gute Möglichkeit. Alternativ haben Sie immer die Option, im Gartenfachhandel Aufzuchttöpfe zu kaufen.

Behälter für frisches Obst und Gemüse. Statt die durchsichtigen Plastikbehälter, in denen Sie frisches Obst und Gemüse kaufen, sofort ins Recycling zu geben, spülen und sammeln Sie sie. Sammeln Sie 500-g- oder 250-g-Behälter. 500-g-Behälter enthalten oft Heidelbeeren, Cherrytomaten und Feigen. Brombeeren und Himbeeren werden oft in 250-g-Behältern verpackt, die halb so tief wie 500-g-Behälter sind, aber meist genauso breit und lang, was sie besonders nützlich macht. 1000-g-Behälter wie etwa für Erdbeeren sind jedoch keine gute Wahl für Microgreens, da sie mehr Erde fassen als notwendig.

500-g- oder 250-g-Behälter funktionieren für jedes Saatgut gleich gut, aber einige Keimlinge gedeihen besser in den tieferen 500-g-Behältern. Vor allem Erbsen und Wurzelgemüse wie Rüben und Rettich wachsen darin am besten. Für die meisten anderen Pflanzen und besonders für flachwurzelnde Keimlinge wie Basilikum und Salat sind 250-g-Behälter besser, weil sie mit nur halb so viel Erde gefüllt werden. Beachten Sie aber, dass Microgreens in 250-g-Behältern häufiger bewässert werden müssen und in 500-g-Behältern weniger oft, weil sie in doppelt so viel Erde wachsen.

Die Tiefe eines Behälters ist wichtig, weil die Ernte einfacher ist, wenn er vollständig mit Erde gefüllt ist. Wenn die Erde bündig mit dem oberen Behälterrand abschließt, können Sie die Greens effizient unten an den Stängeln abschneiden; wenn die Erde niedriger abschließt, sind sie nicht so gut zu erreichen.

Plastikbehälter für Obst und Gemüse haben mehrere Eigenschaften, die sie ideal für den Anbau von Microgreens machen. Zum einen sind sie rechteckig, wodurch sie leicht auf einer Fensterbank, einem Regal oder einem Tablett aneinandergereiht werden können. Zum anderen sind sie durchsichtig, so dass sie Ihnen nicht die Sicht auf die sprießenden Wurzeln versperren. Und zu guter Letzt haben sie bereits Öffnungen im Boden, was bedeutet, dass die notwendigen Löcher zur Bewässerung von unten bereits vorhanden sind.

Diese Öffnungen sind zwar praktisch, aber auch etwas nachteilig, weil die Behälter nach mehrmaligem Gebrauch an den Öffnungen splittern oder einreißen können. Deshalb ist es eine gute Idee, nach jeder Ernte den Zustand der Behälter zu überprüfen und abgenutzte Behälter ins Recycling zu geben.

500-g- oder 250-g-Behälter für Obst und Gemüse bestehen aus Polyethylenterephthalat, einer Plastiksorte, die üblicherweise auch zur Herstellung von Wasser- und Getränkeflaschen eingesetzt wird. Wenn Behälter aus diesem Material Hitze ausgesetzt oder über längere Zeit gelagert werden, können die Phthalate in den flüssigen Inhalt der Behälter migrieren. Deshalb können Sie aus abgefülltem Wasser, auch aus Mineralwasser, das Plastik herausschmecken, besonders, wenn es einen langen Transportweg hinter sich hat. Bei mäßigen Raumtemperaturen und kurzen Zeiträumen hat diese Plastiksorte allerdings keinen Einfluss auf flüssige oder feste Inhalte.

Hummus-, Tofu- und Joghurtbehälter. Diese Behältnisse sind besonders gut zum Umfunktionieren geeignet. Für den Microgreen-Anbau können Sie Löcher in den Boden schneiden. Ein leichter Nachteil von Hummus- oder Joghurtbehältern ist die Form, da sie meist rund statt vier- oder rechteckig sind, wie etwa Tofu-Behälter.

Runde Behälter haben weniger Anbaufläche und brauchen auch mehr Platz als vier- oder rechteckige. Hummus, Tofu und Joghurt werden normalerweise in sichererem Plastik verpackt, das keine chemischen Rückstände in Lebensmittelinhalte abgibt. Menschen, die auf Plastiksorten achten, verwenden deshalb vielleicht lieber diese Behälter anstelle der Obst- oder Gemüsebehälter.

Blumentöpfe und Aufzuchttöpfe für Keimlinge. Geeignete Nichtlebensmittelbehälter sind unter anderem Blumentöpfe und Aufzuchttöpfe für Keimlinge. Plastikblumentöpfe funktionieren am besten, denn Terrakottatöpfe sind schwer, voluminös und empfindlich. Aufzuchttöpfe sind kleine Plastikbehälter, die speziell zu diesem Zweck hergestellt werden und wie Plastikbehälter für Obst bestehen auch sie aus Polyethylen. Sie sind kostengünstig und im gut sortierten Gartenfachhandel erhältlich. Viele kommerzielle Microgreen-Erzeuger verwenden Aufzuchttöpfe.

Vorbereitung der Behälter

Sie werden ein paar einfache Änderungen an Ihren Behältern vornehmen müssen, damit sie für den Microgreen-Anbau bereit sind.

Deckel entfernen. Da die Deckel von Plastikbehältern für Obst und Gemüse meist an einer Seite mit dem unteren Bereich verbunden sind, müssen Sie in diesem Fall die Deckel von den Behältern abschneiden. Da Scheren durch Plastik stumpf werden, nehmen Sie eine alte Schere dafür, aber nicht die, die Sie zur Microgreen-Ernte verwenden. Vielleicht finden Sie das Abschneiden des Deckels einfacher, wenn Sie den Behälter umdrehen. Schneiden Sie danach noch eventuelle scharfe Kanten ab. Legen Sie einige Deckel zur Seite, da Sie sie im frühen Keimungsstadium bestimmter Microgreens nutzen können (siehe »Besprühen und abdecken«, Seite 45 f.).

Löcher bohren. Während Plastikbehälter für Obst und Gemüse schon belüftet sind und diesen Schritt nicht erfordern, müssen Sie in andere wie etwa Hummus-, Tofu- und Joghurt-Behälter Löcher bohren, manchmal sogar auch in Plastikblumentöpfe. Drehen Sie hierfür den Behälter um und bohren Sie mit einem spitzen Messer oder Zahnstocher Löcher in das Plastik. Wenn das Plastik zu fest ist, schlagen Sie mit einem Hammer einen scharfen Nagel hindurch. Bohren Sie zum schnelleren Be- und Entwässern viele Löcher in jeden Behälter.

Ineinander stellen und verstärken. Stellen Sie zwei identische Behälter ineinander. Dies ist ein wichtiger Schritt. Die Behälter zu verdoppeln sorgt für mehr Festigkeit, Stärke und Stabilität, so dass die empfindlichen Wurzelkeime nicht verletzt werden, wenn Sie die

Basilikum, Tag 1 bis 6

Behälter beim Bewässern oder bei einem anderen Schritt bewegen. Außerdem schaffen Sie durch das Ineinanderstellen eine Pufferzone, die die Wurzelkeime im inneren Behälter davor schützt, zerdrückt zu werden, die verhindert, dass sich Wasser in der Erde ansammelt, und die für Belüftung sorgt (was wiederum Schimmel vorbeugt).

Mit Papier auslegen. Legen Sie den Boden des inneren Behälters mit einem dünnen Blatt Papier, zum Beispiel Druckerpapier, aus, bevor Sie Erde hineinfüllen. Um das Papier auf die richtige Größe zu schneiden, stellen Sie den Behälter umgekehrt auf ein Blatt Papier (oder auf ein Stück Pappe, falls Sie eine wiederverwendbare Schablone anfertigen möchten), zeichnen Sie den Umriss des Behälters mit einem Stift nach und schneiden Sie das Papier mit einer Schere etwas außerhalb der Linie zurecht. Schneiden Sie das Papier dann von jeder der vier Ecken aus zur Mitte hin diagonal etwas ein. Legen Sie das Papier fest auf den Behälterboden, so dass die Seiten leicht hochstehen, und vergewissern Sie sich, dass die Einlage genau passt. Den oberen Behälter mit Papier auszulegen dient einem doppelten Zweck. Hauptziel ist es zu verhindern, dass beim Bewässern von unten Erde in das Wasser gelangt, aber das Papier verhindert auch, dass sich Wurzelkeime in den Löchern des Behälters verfangen. Das macht es einfacher, die Behälter zu reinigen und wiederzuverwenden.

Lassen Sie Ihren Garten gedeihen

Nachdem die Behälter nun deckelfrei sind, passende Löcher im Boden haben und für mehr Stabilität ineinander gestellt sind, ist es an der Zeit, mit Erde und Saatgut einen Garten daraus zu machen. Für die meisten Pflanzen ist die folgende einfache Anleitung zum Aussäen alles, was Sie wissen müssen. Falls Sie aber Sonnenblumen oder Erbsen anbauen, schauen Sie in Kapitel 8 nach, wo Sie genauere Anleitungen zum erfolgreichen Anbau dieser Microgreens finden.

Behälter mit Erde füllen. Füllen Sie angefeuchtete Erde (siehe Kapitel 3, Seite 40 f.) in den Behälter. Klopfen Sie die Erde nicht ein, aber füllen Sie den Behälter bis zum Rand. Das Befüllen bis oben ist wichtig, weil die Ernte der Microgreens wesentlich einfacher ist, wenn die Erde bündig mit dem Behälterrand abschließt.

Saatgut abmessen. Hier ist ein Spickzettel, der Ihnen hilft zu bestimmen, wie viel Saatgut in einen 500-g- oder 250-g-Behälter auszusäen ist. Dieser Schritt ist optional, wenn Sie Saatgut verwenden, das nicht eingeweicht werden muss, aber so oder so ist es hilfreich, die Saatgutmenge pro Behälter festzuhalten. Länge und Breite der 500-g- und 250-g-Behälter schwanken bei den Herstellern nur geringfügig, so dass sie eine durchschnittliche Gesamtfläche von etwa 116 cm haben. Hier

Brokkoli, Tag 1 bis 6

sind die *maximalen* Mengen an Samen, die Sie pro 500-g- oder 250-g-Behälter brauchen:

- winzige Samen (z. B. Basilikum) = maximal ½ TL (2,5 ml)
- mittlere Samen (z. B. Brokkoli) = maximal 1 TL (5 ml)
- große Samen (z. B. Rettich) = maximal 1½ TL (7,5 ml)
- extragroße Samen (z. B. Rüben) = maximal 2 TL (10 ml)

Saatgut aussäen. Verteilen Sie die Samen gleichmäßig und dünn auf der Erde. Tiefe Messlöffel sind exzellente Utensilien – nicht nur zum Abmessen, sondern auch zum Aussäen des Saatguts: Halten Sie den Löffel mit Daumen und Mittelfinger und tippen Sie leicht mit dem Zeigefinger auf den Stiel, um die Samen auszusäen.

Nur Saatgut, das zuvor eingeweicht wurde, sollte mit Erde bedeckt werden (eine Liste mit Saatgut, das eingeweicht werden muss, finden Sie im Kasten »Einweichen: ja oder nein?« auf Seite 28 f.). Bei allem Saatgut *außer* eingeweichten Samen drücken Sie die Samen mit dem Finger vorsichtig in die Erde, so dass Kontakt besteht, aber die Samen nicht mit Erde bedeckt sind. Das verhindert, dass saftige Blätter mit Erde überkrustet werden, wenn die Keimlinge sprießen und wachsen.

Behälter beschriften. Schreiben Sie den Namen des Saatguts auf ein Etikett und bringen Sie es am Behälter an (kleine Etiketten in der Größe von Adressschildern sind bestens geeignet). Vermerken Sie auch das Datum, an dem die Samen ausgesät wurden; diese Notiz hilft Ihnen, für jede Microgreen-Sorte die von Ihnen bevorzugte Anzahl der Tage zu ermitteln.

Abdecken. Bedecken Sie Erde und Samen bis zur Keimung mit einem Tuch (siehe Kapitel 3, Seite 46 bis 47) oder feuchten Papiertuch. Wenn Sie eine der wenigen Saatgutsorten anbauen, die zur vollständigen Keimung Licht benötigen, verwenden Sie kein Tuch oder Papier, sondern stattdessen den Deckel des Lebensmittelbehälters. Deckel von Obst- oder Gemüsebehältern sind bereits belüftet, aber wenn Sie andere Arten von Lebensmittelbehältern verwenden, bohren Sie ein paar Löcher hinein. Der Deckel muss nicht einrasten; legen Sie ihn einfach auf den Behälter. Vielleicht möchten Sie auch lieber ganz auf die Abdeckung mit Tüchern verzichten und nur Deckel verwenden. Wenn Sie aber keine Deckel verwenden möchten, können Sie die Samen auch unbedeckt lassen, so lange Sie sie dreimal täglich einnebeln oder besprühen.

Bewässerung von unten

Die Bewässerung von unten ist eine Methode von Microgreen-Großerzeugern, die ihre ungeschnittenen Pflanzen noch in den Anzuchtbehältern an Restaurants und Märkte liefern. Die Microgreens wachsen im Restaurant und auf dem Markt weiter, ohne schimmlig zu werden. Schimmel zu vermeiden ist das Hauptziel der Bewässerung von unten. Bewässern Sie Ihre Microgreens, wann immer sich die Erde von oben trocken anfühlt, meist einmal täglich bei 250-g-Behältern und jeden zweiten Tag bei tieferen 500-g-Behältern.

Flaches Wasserbad herstellen. Gießen Sie Wasser mit Raumtemperatur in eine Schüssel, ein Becken oder eine kleine Wanne, bis das Wasser etwa halb so tief ist wie der Behälter mit den Microgreens, die Sie bewässern wollen. Verwenden Sie kein kaltes Wasser, da es die Wurzeln kühlt und ihr Wachstum verzögert.

Behälter ins Wasser stellen. Dank der vielen Belüftungslöcher im Behälterboden können Sie jetzt wässern und später abtropfen lassen. Lassen Sie die Erde eine Minute oder kürzer das Wasser aufnehmen, bis die Erde sich an der Oberfläche gründlich durchfeuchtet anfühlt. Nehmen Sie den Behälter dann wieder aus dem Wasser.

Überschüssiges Wasser abfließen lassen. Lassen Sie den Behälter eine Minute oder länger im Becken oder Geschirrständer seitlich angelehnt abtropfen.

Wasserbad nach Bedarf wieder auffüllen. Falls Sie mehr als vier Behälter mit Microgreens bewässern, müssen Sie neues Wasser hinzugießen, wenn es aufgesogen wurde. Einen Behälter nach dem anderen zu bewässern dauert länger, als wenn man vier Behälter gleichzeitig in einem großen Becken bewässert, was praktisch ist, wenn Sie viele Microgreens anbauen. Dafür ist meistens eine Abwaschschüssel gut geeignet, aber für passionierte Anbauer, die gerne alle möglichen Behälter zum Einsatz bringen, ist es vielleicht auch interessant zu wissen, dass ein umfunktioniertes Schubfach aus einem alten Kühlschrank sechs Behälter gleichzeitig fassen kann.

Übrig gebliebenes Wasser weggießen. Wenn Sie den Behälter nicht wie in diesem Kapitel beschrieben (siehe Seite 82) mit Papier ausgelegt haben, kann etwas Erde im Bewässerungsbecken zurückbleiben, wenn Sie fertig sind. Das kann vor allem früh im Wachstumszyklus der Fall sein, bevor die Wurzelkeime sprießen. Wenn Sie stark verschmutztes Wasser in den Abfluss schütten, könnte er mit der Zeit durch die Erde verstopfen. Eine Lösung ist, das Wasser durch das feinmaschige Sieb eines Sprossenglases in den Abfluss zu gießen, um die Erde abzufangen. Alternativ können Sie Erde und Wasser auch draußen entsorgen.

Aus Behältern ernten

Kapitel 5 enthält allgemeine Informationen über die Microgreen-Ernte. Hier sind ein paar weitere Informationen speziell zur Ernte von Greens, die in Behältern gezogen werden.

Ernten, aber nicht waschen. Kleine Behälter ermöglichen eine einfache, effiziente Ernte. Da die Ernte aus einem Behälter eher klein ist, werden Sie wahrscheinlich alle Greens auf einmal abschneiden wollen. Halten Sie hierfür den Behälter über einen Teller, neigen Sie den Behälter zur Seite, schneiden Sie die Stängel mit einer Schere ab und die Stecklinge fallen auf den Teller. Sie brauchen die Microgreens noch nicht einmal zu berühren, daher dürften sie recht sauber sein. Da sie außerdem von unten bewässert wurden, dürfte keine Erde an den Microgreens haften, so dass sie nicht gewaschen werden müssen.

Ab in den Kühlschrank

Wenn Sie Microgreens in umfunktionierten Behältern anbauen, haben Sie die einzigartige Möglichkeit, die Microgreens vor der Ernte kühl zu stellen. Wenn Ihre Greens ihre maximale Süße erreicht haben, Sie sie aber noch nicht essen möchten, stellen Sie den Behälter einfach komplett in den Kühlschrank. Da die Pflanzen durch die kalte Luft austrocknen, stecken Sie den Behälter zuerst in einen Plastikbeutel, den Sie offen lassen oder locker zubinden können. Geben Sie den Pflanzen noch eine Extraportion Kohlendioxid mit, indem Sie in den Beutel atmen, bevor Sie ihn zubinden. Das Kohlendioxid hilft, die Greens frisch zu halten. Bei einer einwöchigen Lagerung mit offenem Beutel wird die Erde austrocknen; geben Sie daher neue Feuchtigkeit durch Bewässerung von unten hinzu. Dann können Sie den Beutel noch eine Woche länger im Kühlschrank aufbewahren. Bevor Sie die Greens verzehren möchten, nehmen Sie den Behälter aus dem Kühlschrank und stellen Sie ihn auf die Fensterbank. Lassen Sie den Behälter 12 Stunden stehen, bevor Sie die Microgreens abschneiden, damit sie Raumtemperatur erreichen.

In Parzellen ernten. Falls Sie lieber nur einige Greens aus dem Behälter ernten möchten, stutzen Sie sie in Parzellen oder Reihen und hinterlassen Sie Bereiche, in die die übrigen Greens sich beim Wachsen hineinneigen können. Diese Erntemethode wird üblicherweise beim Anbau auf Tabletts angewendet.

Die Stängel unten abschneiden. Was ist, wenn Sie nicht dem Rat gefolgt sind, den Behälter bis oben mit Erde zu füllen? Das kann problematisch sein oder auch nicht, je nachdem, wie weit unten am Stängel Sie abschneiden möchten. Wenn Sie so viel vom Stängel ernten möchten wie möglich, aber den Behälter nicht bis oben gefüllt haben, befinden sich die Stängel jetzt tief im Behälter und sind mit der Schere nur schwer zu erreichen. Aber es gibt eine einfache Lösung, besonders wenn Sie weichere, flexiblere Behälter wie Obst-, Gemüse- oder Tofu-Behälter verwendet haben. Nehmen Sie einfach den inneren Behälter aus dem äußeren Schutzbehälter. Halten Sie den Microgreen-Behälter mit einer Hand locker an den Seiten fest und drücken Sie mit der anderen Hand den Boden des Behälters hoch. Der verfilzte Erdklumpen schiebt sich so nach oben. Sobald die Erde bündig mit dem Behälterrand abschließt, schneiden Sie die Stängel nah an der Erde ab.

Die Erde entsorgen. Drehen Sie den Behälter nach einer vollen Ernte um. Geben Sie dem Boden einen kleinen Schubs, dann rutscht die wurzeldurchzogene Erde als kompakte Masse heraus. Falls lose Erde im Behälter bleibt, ist das ein Zeichen, dass Sie vielleicht mehr Erde als nötig verwendet haben. Wenn Sie zum Beispiel einen 500-g-Behälter verwendet haben, nehmen Sie beim nächsten Anbau dieser Microgreen-Sorte einen 250-g-Behälter. Einige Wurzelkeime können am Behälterboden haften bleiben, besonders wenn sie sich in den Belüftungslöchern verfangen haben. Um sie zu lösen, schrubben und waschen Sie den Behälter. Falls unbedingt notwendig, tauchen Sie den Behälter in ein wassergefülltes Spülbecken, um die Wurzeln einzuweichen und zu lockern.

Insider-Info: Anbau in Behältern

- Funktionieren Sie Lebensmittelbehälter wie 500-g- oder 250-g-Behälter für Obst und Gemüse oder andere Behälter für Hummus, Tofu oder Joghurt um.
- Verwenden Sie Blumentöpfe oder Aufzuchttöpfe für den Anbau in Behältern, falls Ihnen diese Möglichkeit lieber ist oder Sie nicht genügend leere Lebensmittelbehälter zur Wiederverwendung haben.
- Bereiten Sie die Behälter vor, indem Sie den Deckel entfernen, Löcher in den Boden bohren, einen Behälter in den anderen stellen und den Behälterboden mit Papier auslegen.

Weißkohl und Chinakohl

- Wenn es Zeit zum Pflanzen ist, füllen Sie den Behälter bis oben mit feuchter Erde, säen Sie die für den Behälter passende Menge Saatgut aus und verteilen Sie die Samen gleichmäßig und dünn auf der Erde. (Bedecken Sie die Samen nicht mit Erde, es sei denn, sie wurden eingeweicht.)
- Beschriften Sie jeden Behälter mit dem Namen des Saatguts und dem Datum der Aussaat.
- Bewässern Sie die Microgreens nach der Keimung nur von unten.
- Ernten Sie die Microgreens, indem Sie die Stängel dicht über der Erde kappen. Waschen Sie die Ernte nicht.
- Geben Sie die nicht geernteten Microgreens mitsamt Behälter in einen Beutel und lagern Sie sie im Kühlschrank, bis Sie sie essen möchten. (Lassen Sie sie vor der Ernte 12 Stunden stehen, bis sie Raumtemperatur erreicht haben.)

7
Anbau auf Tabletts

Verwenden Sie für den Anbau auf Tabletts entweder flache Kantinentabletts (auch: Fast-Food-Tabletts) oder tiefere Aufzuchtschalen (auch: Sämlingsstiege). In den frühen Tagen des Microgreen-Anbaus nutzte man oft kommerziell hergestellte Aufzuchtschalen und bewässerte die Pflanzen von oben. Heute sind Kantinentabletts die bessere Option, da sie wesentlich einfacher zu handhaben sind und von der Seite bewässert werden können, um Schimmelbildung zu vermeiden.

Microgreens, die sich in kleinen, umfunktionierten Lebensmittelbehältern anbauen lassen, lassen sich auch auf Tabletts anbauen. Der Vorteil des Anbaus auf Tabletts ist natürlich der größere Ertrag. Dieses Kapitel informiert über die Nutzung von Kantinentabletts oder Aufzuchtschalen für den Microgreen-Anbau.

Kantinentabletts

Vielleicht finden Sie ja einen Kantinenbetreiber (oder Gastronomieserviceleiter) in einer Schule oder Universität, der bereit ist, alte

Tabletts zu verschenken. Falls Sie sich zum Kauf neuer Kantinentabletts entscheiden, können Sie diese im Restaurantfachhandel oder online erwerben. Manche Sprossenzucht-Zulieferer führen auch Kantinentabletts, so dass Sie dort Tabletts und Microgreen-Saatgut gleichzeitig bestellen können. Überlegen Sie sich, direkt eine Großpackung zu kaufen. Selbst wenn Sie feststellen, dass Sie lieber in Behältern pflanzen, lassen sich die Tabletts auch als Untersetzer oder zum Transport umfunktionierter Lebensmittelbehälter nutzen.

Bei Tabletts aus dem Restaurantfachhandel können Sie zwischen verschiedenen Größen, Farben und Materialien wählen. Falls Sie die Möglichkeit haben, nehmen Sie kleine, weiße Polypropylentabletts (weiß reflektiert das meiste Licht). Ideal sind solche, die Sie in der Küche flach ins Spülbecken stellen können.

Kantinentabletts werden aus vielen synthetischen Materialien wie Acryl, Glasfaser, Polycarbonat, Polypropylen und Styropor hergestellt, die das Gütesiegel von NSF International tragen, einem Zertifizierer für Gastronomieausrüstung. Aber nicht alle sind gleich unbedenklich für den Microgreen-Anbau. Polycarbonat enthält Bisphenol A (BPA), das bekanntlich in Lebensmittel migriert; vermeiden Sie daher Tabletts aus diesem Material. Am stabilsten und damit sichersten ist Polypropylen, am stärksten ist Glasfaser.

Welche Art Kantinentabletts Sie auch wählen, Sie brauchen mindestens zwei davon als Set: ein unteres Tablett, das Sie mit Erde füllen, und ein oberes zur Abdeckung. Eventuell benötigen Sie sogar noch ein drittes, falls die Tabletts nicht dick und robust genug sind, denn preisgünstige Tabletts sind manchmal nur halb so dick wie andere und zu dünn zur alleinigen Verwendung. Bei instabilen Tabletts besteht die Gefahr, dass empfindliche Wurzelkeime zerdrückt werden. Nehmen Sie daher als unteres Tablett gegebenenfalls zwei dünne Tabletts übereinander, so dass Sie dann drei Tabletts pro Set benötigen.

Statt Plastik

Falls Sie synthetische Materialien meiden, können Sie Microgreens auch auf eingefassten Edelstahlbackblechen oder Servierplatten statt auf Plastiktabletts anbauen. Allerdings bekommt auch rostfreier Edelstahl bei ständigem Kontakt mit feuchter Erde irgendwann Rostflecken, so dass Sie Ihre Ausrüstung irgendwann austauschen müssen. Plastiktabletts dagegen halten ewig.

Lassen Sie Ihren Garten gedeihen

Nun ist es Zeit, mit Erde und Saatgut Ihren Tablett-Garten anzulegen. Dieser Abschnitt enthält allgemeine Anleitungen, die für die meisten Microgreens gelten. Falls Sie aber Sonnenblumen oder Erbsen anbauen, schauen Sie in Kapitel 8 nach, wo Sie genauere Anleitungen zum Anbau dieser Microgreens finden.

Saatgut abmessen. Saatgut abzumessen brauchen Sie nur, wenn Sie es einweichen wollen, aber es ist auch hilfreich, auf diese Weise die Saatgutmenge pro Tablett herauszufinden. Hier ist eine simple Methode, um die pro Tablett auszusäende Saatgutmenge zu bestimmen. Verteilen Sie eine einzelne Schicht Saatgut auf einem leeren Tablett, bevor Sie es mit Erde befüllen. Lassen Sie so viel Platz zwischen den Samen, dass sie sich nicht berühren. Nehmen Sie dann die Samen vom Tablett, messen Sie sie ab und notieren Sie die Menge. Halten Sie sich an diese Menge – nicht nur bei dieser Ernte, sondern auch bei allen künftigen Ernten aus diesem Saatgut auf gleich großen Tabletts.

Tablett mit Erde füllen. Füllen Sie angefeuchtete Erde (siehe Kapitel 3, Seite 40 f.) auf das Tablett und verteilen Sie sie gleichmäßig. Kantinentabletts sind flach und niemals höher als 2,5 cm. Füllen Sie das Tablett also bis oben mit Erde. Drücken Sie die Erde ein wenig flach, aber nehmen Sie es damit nicht allzu genau. Wenn Sie mögen, formen Sie eine leichte Anhöhe in der Mitte, die sanft zu den Ecken hin abflacht, und ziehen Sie einen Graben um die Ecken des Tabletts. Das erleichtert den Abfluss bei der Bewässerung von der Seite.

Saatgut aussäen. Verteilen Sie die Samen gleichmäßig und dünn auf der Erde. Tiefe Messlöffel sind exzellente Utensilien nicht nur zum Abmessen, sondern auch zum Aussäen des Saatguts: Halten Sie den Löffel mit Daumen und Mittelfinger und tippen Sie leicht mit dem Zeigefinger auf den Stiel, um die Samen auszusäen.

Nur Saatgut, das zuvor eingeweicht wurde, sollte mit Erde bedeckt werden (eine Liste mit Saatgut, das eingeweicht werden muss, finden Sie in dem Kasten »Einweichen: ja oder nein?« auf Seite 28 f.). Bei allem Saatgut *außer* eingeweichten Samen drücken Sie die Samen mit dem Finger vorsichtig in die Erde, so dass Kontakt besteht, aber die Samen nicht mit Erde bedeckt sind. Das verhindert, dass saftige

Blätter mit Erde überkrustet werden, wenn die Keimlinge sprießen und wachsen.

Tablett beschriften. Schreiben Sie den Namen des Saatguts auf ein Etikett und bringen Sie es am Tablett an (kleine Etiketten in der Größe von Adressschildern sind bestens geeignet). Vermerken Sie auch das Datum, an dem die Samen ausgesät wurden; diese Notiz hilft Ihnen, für jede Microgreen-Sorte die von Ihnen bevorzugte Anzahl der Tage zu ermitteln.

Abdecken. Bedecken Sie das mit Erde und Samen gefüllte Tablett bis zur Keimung mit einem umgedrehten Tablett. Falls Sie kein weiteres Tablett haben, geht auch ein nasses Handtuch oder sogar eine nasse Zeitung. Wenn Sie eine der wenigen Saatgutsorten anbauen, die zur vollständigen Keimung Licht benötigen, verwenden Sie keine Abdeckung, es sei denn, sie ist transparent. Eine Option sind die durchsichtigen Plastikdeckel, die mit Aufzuchtschalen verkauft werden. Falls Sie das Saatgut nicht abdecken möchten, können Sie es unbedeckt lassen, so lange Sie es dreimal täglich einnebeln oder besprühen.

Bewässerung von der Seite

Auf Tabletts angebaute Microgreens können nicht von unten bewässert werden, von oben sollte man es aber ganz klar auch nicht tun. Stattdessen muss alternativ von der Seite bewässert werden. Diese Methode hemmt die Schimmelbildung genauso effektiv wie die Bewässerung von unten. Einmal täglich zu bewässern reicht gewöhnlich aus.

Im Spülbecken bewässern. Neigen Sie das Tablett zur Seite und stellen Sie es mit der kurzen Seite nach unten ins Spülbecken, so dass ein Ende des Tabletts im Spülbecken steht und das andere am Spülbeckenrand anliegt. Gießen Sie mit der Schlauchbrause (stellen Sie die Düse auf einen dünnen Strahl) oder einer Gießkanne (mit schmalem Ausguss) an der oberen Seite des Tabletts nur ein kleines Rinnsal Wasser direkt auf die Erde, nicht auf die Greens. Bewässern Sie weiter, bis die Erde in der Mitte des Tabletts befeuchtet ist, und drehen Sie dann das Tablett, bis sich das trockene Ende oben befindet. Wiederholen Sie das Ganze. Wenn das Tablett so klein ist, dass es ins Spülbecken passt, können Sie es an den Längsseiten hochlagern und diese Bewässerungsmethode von allen vier statt nur zwei Seiten einsetzen.

Überschüssiges Wasser abfließen lassen. Wenn die Erde auf der gesamten Fläche vollständig befeuchtet ist, lassen Sie das Tablett mindestens fünf Minuten im Becken seitlich angelehnt stehen, damit überschüssiges Wasser abfließen kann.

Probieren Sie eine Variante der Bewässerung von unten aus. Wenn Microgreens mehrere Tage auf einem Tablett gewachsen sind, bilden ihre Wurzeln zusammen mit der Erde eine Matte. Dann können Sie den Rand der Matte leicht vom Tablett anheben und Wasser direkt auf das Tablett gießen. Auf diese Weise können Sie die Bewässerungsmethode von unten simulieren, die bei Behältern eingesetzt wird und bei der die Erde Wasser von unten aufnimmt.

Ernten Sie, was Sie gesät haben

In Kapitel 5 wurde die Microgreen-Ernte allgemein beschrieben. Hier sind ein paar zusätzliche Details über die Ernte von Greens, die auf Tabletts gezogen werden.

Chargenweise in Parzellen ernten. Wenn Sie Microgreens auf Tabletts ziehen, können Sie alles auf einen Schlag ernten, werden aber wahrscheinlich die Greens nicht alle auf einmal essen. Statt Reste im Kühlschrank aufzubewahren, ist es besser, nicht das gesamte Tablett zu ernten, sondern in Parzellen oder Reihen. Schneiden Sie mit einer Schere mittig Wege über die Länge und Breite des Tabletts, so dass ein Kreuzmuster entsteht. Diese Ausdünnungstechnik ist eine Standardpraxis im Gartenbau, um den noch nicht geernteten Pflanzen mehr Raum zum Wachsen zu geben: Innerhalb weniger Tage neigen sich die Microgreens in den verbleibenden Quadranten über die offenen Wege und bedecken sie fast. Schneiden Sie am Tag darauf oder für Ihre nächste Mahlzeit ein oder zwei neue Wege durch jeden Quadranten. Gönnen Sie Ihrem Schachbrett ein oder zwei weitere Tage zum Wachsen. Auf diese Weise ernten Sie das gesamte Tablett schrittweise ab.

Nicht waschen. Wie bei Microgreens, die von unten bewässert wurden, dürfte auch an den von der Seite bewässerten keine Erde haften, so dass sie nicht gewaschen werden müssen. Microgreens können nur dann verschmutzen, wenn sie von oben bewässert werden oder Regen ausgesetzt sind. Dann müssen Hobby-Anbauer die Erde nach der Ernte von den Greens abspülen, und danach ist es sehr schwierig, sie komplett zu trocknen. Durch die zusätzliche Handhabung und die Restfeuchtigkeit verkürzt sich die Haltbarkeit, sogar wenn die Microgreens im Kühlschrank aufbewahrt werden.

Aufzuchtschalen

Viele professionelle Microgreen-Anbauer ziehen ihre Pflanzen in langen, tiefen Aufzuchtschalen, die auch als Sämlingsstiege bezeichnet werden. Diese großen Schalen haben den Vorteil, dass sie viel Platz zum Wachsen bieten; da sie aber recht sperrig sind, sind sie für Hobby-Anbauer eher unpraktisch. Außerdem ist bei ihnen die Bewässerung von unten und von der Seite keine gangbare Lösung, sie müssen also von oben bewässert werden. Das fördert Schimmel und Fäulnis und führt zu Ernteverlusten.

Wenn Sie nicht gerade bereit sind, ein Gewächshaus aufzustellen und eine ausgeklügelte Bewässerungs-, Entwässerungs- und Belüftungsanlage zu installieren, nur um Microgreens zu ziehen, werden Sie sich wahrscheinlich gegen große, umständliche Aufzuchtschalen entscheiden. Ambitionierte Hobby-Anbauer finden hier aber ein paar Informationen zum Microgreen-Anbau in Aufzuchtschalen. Die Vorbereitung und Bewässerung gestalten sich ziemlich anders als bei Kantinentabletts, während die Aussaat und Ernte ähnlich sind. (Für Tipps zum Säen und Ernten siehe voriger Abschnitt.)

Ein Set vorbereiten

Ein Set zusammenzustellen ist bei Aufzuchtschalen etwas aufwändiger als bei Kantinentabletts. Es kann auch mehr kosten, da Sie Aufzuchtschalen nur selten gespendet oder gratis bekommen.

Aufzuchtschalen (Sämlingsstiege) kaufen. Kaufen Sie im Gartenfachhandel drei Plastikaufzuchtschalen und einen passenden durchsichtigen Plastikdeckel. Falls kein Deckel erhältlich ist, kaufen Sie stattdessen eine vierte Aufzuchtschale.

Löcher bohren. Die Aufzuchtschalen haben vielleicht schon Wasserablauflöcher. Falls nicht, haben sie wahrscheinlich Vertiefungen, die Sie dafür einstechen können. Nur zu – bohren Sie Löcher über die gesamte Länge von zwei (aber nicht allen drei) Schalen. Bohren Sie in beide Schalen an nur einer kurzen Seite viele zusätzliche Löcher. Das Wasser muss durch dieses Ende der Schalen fließen, nicht nur tröpfeln, da es in Ihrem Spülbecken stehen wird, wenn Sie das andere Ende anheben.

Ein Set zusammenstellen. Stellen Sie die beiden Aufzuchtschalen (beide sollten Löcher haben) ineinander. Vergewissern Sie sich, dass die kurzen Seiten mit den zusätzlichen Löchern sich am selben Ende befinden. Setzen Sie die beiden ineinander gestellten Schalen in eine dritte Schale ohne Löcher. Diese untere Schale sollte bei der Bewässerung entfernt werden. Nach der Bewässerung soll-

te sie zurück unter die ineinander gestellten Schalen gestellt werden, um weiterhin abfließendes Wasser aufzufangen.

Konstruieren Sie eine Unterlage. Mit Erde gefüllte Aufzuchtschalen werden sehr schwer und instabil, besonders wenn die Erde angefeuchtet ist. Aufzuchtschalen sind normalerweise 5 cm hoch und fassen mehr Erde als die meisten Microgreens brauchen, vor allem solche, die nur bis zum Keimblattstadium gezogen werden. Es bleibt Ihnen kaum eine andere Wahl, als die Schalen fast bis zum Rand mit Erde zu füllen; ansonsten kann das Abschneiden der Microgreens unten am Stängel bei der Ernte sehr umständlich werden.

Die schweren Schalen benötigen eine Unterlage, damit die Wurzeln nicht zerdrückt werden, wenn Sie die Schalen vom sonnigen Fenster zum Spülbecken in der Küche transportieren. Schneiden Sie hierfür ein 25 x 50 cm großes Stück Pappe oder Schaumstoffplatte aus oder, noch besser, sägen Sie ein Stück Sperrholz mit diesen Abmessungen zurecht. (Diese Größe passt in die meisten handelsüblichen Schalen.) Legen Sie diese Unterlage unter das Schalenset, wenn Sie es transportieren.

Feuchtigkeit binden. Setzen Sie zu guter Letzt den durchsichtigen Plastikdeckel (oder die vierte Schale) auf die drei ineinander gestellten Aufzuchtschalen. Der Deckel hilft, während der Keimung Feuchtigkeit zu binden. Für die wenigen Samen, die Dunkelheit zum Keimen brauchen, kann eine umgedrehte vierte Aufzuchtschale verwendet werden.

Bewässerung von oben

Microgreens in Aufzuchtschalen lassen sich nicht von der Seite bewässern, weil die Ränder der Schalen zu hoch sind. Und da die Schalen zu groß sind, lassen sie sich auch nicht von unten im Spülbecken bewässern. Sie können es anderswo versuchen, etwa in der Badewanne, aber für jeden Tag ist das unpraktisch, denn das Wasser wird wahrscheinlich überall in der Wohnung oder im Haus auf den Boden tropfen, wenn Sie die Schalen von der Wanne an ihren Standort transportieren. Damit bleibt für den Microgreen-Anbau in Aufzuchtschalen nur noch eine Option: die Bewässerung von oben.

Schalen im Spülbecken bewässern. Entfernen Sie die untere Schale (die ohne Löcher). Neigen Sie die ineinander gestellten Schalen zur Seite und stellen Sie sie ins Spülbecken, so dass sich die kurze Seite mit den vielen Löchern im Becken befindet und das entgegengesetzte Ende über das Becken hinausragt. Bewässern Sie die Microgreens von oben mit der Schlauchbrause, falls der Strahl sanft genug ist, oder mit einer Gießkanne mit Sprinklerkopf. Fahren Sie fort, bis die Erde durchfeuchtet ist.

Überschüssiges Wasser abfließen lassen. Lassen Sie die Schalen nach dem Bewässern mindestens fünf Minuten im Becken stehen; da die Schalen nur schräg in das Spülbecken passen, sorgt die Neigung dafür, dass das Wasser abfließt. Nehmen Sie mit ein paar Handtüchern das übergelaufene Wasser von der Arbeitsplatte auf, da sich dort wahrscheinlich etwas (oder vielleicht sogar ziemlich viel) Wasser ansammeln wird. Stellen Sie die Schalen dann auf ein Stoffhandtuch, um eventuell noch verbleibende Feuchtigkeit zu absorbieren. Setzen Sie die beiden ineinander gestellten Schalen dann wieder zurück in die trockene dritte Schale (die Schale ohne Löcher) und stellen Sie den gesamten Aufbau wieder zurück an seinen angestammten Platz vor einem sonnigen Fenster oder unter eine Wachstumslampe.

Insider-Info: Anbau auf Tabletts

- Fragen Sie in einer Schul- oder Universitätskantine nach gebrauchten Kantinentabletts. Alternativ können Sie auch eine neue Mehrfachpackung Tabletts im Restaurantfachhandel kaufen. Nehmen Sie kleine, weiße Polypropylen-Tabletts, falls Sie die Möglichkeit haben.
- Verwenden Sie Edelstahltabletts (etwa eingefasste Backbleche), wenn Sie keine Plastiktabletts nehmen möchten. Irgendwann wird allerdings der Edelstahl rosten und muss dann ersetzt werden.
- Bestimmen Sie die Saatgutmenge pro Tablett, indem Sie eine einzelne Schicht Saatgut auf einem leeren Tablett verteilen. Die Samen sollten sich nicht berühren.
- Wenn es Zeit zum Pflanzen ist, füllen Sie das Tablett bis oben mit feuchter Erde, säen Sie die für das Tablett passende Menge Saatgut aus und verteilen Sie die Samen gleichmäßig und dünn auf der Erde. (Bedecken Sie die Samen nicht mit Erde, es sei denn, sie wurden eingeweicht.)

- Beschriften Sie jedes Tablett mit dem Namen des Saatguts und dem Datum der Aussaat.
- Bedecken Sie das Tablett während der Keimung mit einem umgedrehten Tablett, es sei denn, dass das Saatgut Licht zum Keimen braucht (was bei einigen wenigen Sorten der Fall ist).
- Bewässern Sie auf Tabletts gezogene Microgreens von der Seite.
- Ernten Sie Microgreens in Chargen, da Sie kaum ein ganzes Tablett Microgreens auf einmal essen werden. Waschen Sie die Microgreens nicht.
- Ziehen Sie Microgreens als Alternative zu Kantinentabletts in größeren und tieferen Aufzuchtschalen. Der Nachteil ist, dass die vollen Schalen schwer und unhandlich sind und die Microgreens von oben bewässert werden müssen, was Schimmelbildung fördert.

8

Sonnenblumen- und Erbsen-Microgreens

Wegen ihrer Schimmelresistenz sind Sonnenblumen- und Erbsen-Greens seit Jahrzehnten beliebt. Sie hemmen die Schimmelbildung, weil sie kein dichtes Blätterdach haben, so dass sie auch bei der Bewässerung von oben kein Wasser festhalten. Sonnenblumensamen sind zudem groß, es ist also schwieriger, sie eng beieinander auszusäen, wodurch erst gar kein dichtes Blätterdach entstehen kann. Erbsen bilden spärliche Blätter, die fast kein Blätterdach bilden.

Sonnenblumen- und Erbsen-Microgreens gedeihen sowohl auf Tabletts als auch in Aufzuchtschalen. Wegen der Beliebtheit dieser Microgreens geht dieses Kapitel genauer auf ihren Anbau ein.

Sonnenblumen-Greens

Die Idee, Sonnenblumensprossen zu ziehen und zu essen, stammt von Viktoras Kulvinskas, dem Mitbegründer des Hippocrates Health

Institute. Als Leckerei unter den Microgreens verlangen und verdienen Sonnenblumen besondere Aufmerksamkeit.

Sonnenblumen-Greens werden mit bestimmten Techniken angebaut, die für die meisten anderen Microgreen-Pflanzen nicht empfehlenswert sind. So bringt man zum Beispiel die Samen nach dem Einweichen in einem Sprossenglas zum Keimen, die eingeweichten Samen werden *nicht* mit Erde bedeckt, die sprießenden Wurzelkeime werden mit einem Gewicht beschwert, um sie anzuregen, in die Erde hinunterzuwachsen, und die Greens werden von oben bewässert, wodurch die Schalen weich werden und sie die Blätter einfacher abwerfen können. Der Nachteil beim Anbau von Sonnenblumen-Greens ist tatsächlich, dass mancher Anbauer es irgendwann leid ist, die ungenießbaren Schalen von den Blättern zu pflücken. Wenn Sie aber die Schritte in diesem Kapitel befolgen, erhalten Sie mit Sicherheit eine Ernte, bei der keine (oder zumindest nur sehr wenige) lästigen Schalen an den zarten Sonnenblumenblättern haften. In diesem Kapitel finden Sie Genaueres über den erfolgreichen Anbau von Sonnenblumen-Greens. Die Anleitungen geben Ihnen Auskunft, wie Sie stunden- und tageweise vorgehen sollten.

Wahl des Saatguts

Am besten zum Ziehen von Sonnenblumen-Greens sind schwarze Sonnenblumensamen in ihrer Schale geeignet, die auch zur Herstellung von Sonnenblumenöl verwendet werden. Anbieter von Sprossensamen und Saatgut für den Gartenbau verkaufen schwarze Sonnenblumensamen ausschließlich zum Ziehen von Sonnenblumen-Greens. Diese Händler führen oft Saatgut, das spezifisch auf das Merkmal gezüchtet wurde, die Schale abzustoßen. Generell sind solche Samen sehr klein und haben eine pechschwarze, glänzende Schale.

Haben Sie eine Bezugsquelle für qualitativ hochwertiges Saatgut gefunden, überlegen Sie sich, sofort einen großen Vorrat zu bestellen und das Saatgut im Kühlschrank zu lagern. Schwarze Sonnenblumensamen bewahren in ihrer Schale lange ihre Lebensfähigkeit.

Beim Microgreen-Anbau haben schwarze Sonnenblumensamen einen klaren Vorteil gegenüber der gestreiften Sorte, die meist grauschwarz mit dünnen weißen Streifen ist. Die Sonnenblumenkerne, die wir als Snack essen, stammen aus gestreiften Samen, die wesentlich größer sind als schwarze und auch größere Greens entwickeln. Aber größer ist nicht immer auch besser: Die gestreiften Schalen sind dicht und dick und haften hartnäckiger an den Blättern als die schwarzen. Wenn Sie Sonnenblumen-Greens aus gestreiften Samen ziehen, verlieren Sie mit Sicherheit irgendwann die Geduld, da Sie fast alle gestreiften Schalen per Hand abpflücken müssen.

Vielleicht wollen Sie es ganz clever angehen, indem Sie mit Sonnenblumensamen starten, deren Schale bereits entfernt wurde, aber geschälte Samen sind zum Ziehen von Sonnenblumen-Greens nicht empfehlenswert. Sie verlieren schnell ihre Lebensfähigkeit, außer man bewahrt sie im Kühlschrank auf, was aber weder die Vertreiber noch die Verkäufer tun. Wenn Sie Samen von sechs oder sieben lokalen Anbietern oder Versandhändlern anbauen, können Sie von Glück sagen, wenn auch nur eine Charge geschälte Samen mit einer Rate von über 90 Prozent keimt. Viele Chargen keimen gar nicht. Vögel mögen schwarze Sonnenblumensamen besonders, weil sie einen hohen Ölgehalt haben und leicht zu schälen sind. Ungeschälte Sonnenblumensamen speziell zur Fütterung von Wildvögeln eignen sich aber auch zum Ziehen von Sonnenblumen-Greens, weil sie gut sprießen, eine Option, die interessant sein könnte, wenn man besonders sparsam ist oder ein geringes Einkommen hat. Der Nachteil ist, dass die Samen mit allen möglichen Verunreinigungen geliefert werden, zum Beispiel Insekteneiern, aus denen Larven »sprießen«. Saatgut speziell für den menschlichen Verzehr wird sorgfältiger gesiebt und sortiert.

So ziehen Sie Ihre Greens

Sonnenblumen gedeihen in Sommerhitze oder in warm geheizten Wohnungen oder Häusern, aber bei kühlen Temperaturen verlangsamen sich Keimung und Wachstum. Je nach der Jahreszeit können Ihre Erträge unterschiedlich ausfallen, wenn Sie Sonnenblumen-Greens zu Hause ziehen. Der Zeitplan unten beruht auf Wachstumsmustern im Frühsommer, wenn die Temperaturen zur Mittagszeit durchschnittlich 27 °C betragen. **Hinweis:** Beschriften Sie das Tablett in jedem Fall mit dem Datum der Aussaat und machen Sie sich während des gesamten Verlaufs Notizen für Ihren Zeitplan.

STUNDE NULL: Saatgut abmessen. Es gibt keine allgemeingültige Empfehlung für die Menge an schwarzen Sonnenblumensamen pro Tablett, weil die Samen und die Tabletts unterschiedlich groß sind. Ein möglicher Ansatzpunkt sind 118 ml durchschnittlich große Samen für ein durchschnittlich großes Tablett. Als weitere Option können Sie auch die Fläche der Erde auf dem Tablett berechnen. Verwenden Sie pro 645 cm höchstens 66 ml Saatgut. Wenn Sie keine Berechnungen machen möchten, befolgen Sie einfach die Anleitung zum Abmessen auf Seite 84.

Wie im nächsten Schritt beschrieben, müssen Sonnenblumensamen vor der Aussaat eingeweicht und deshalb zuerst abgemessen werden. Aber was, wenn Sie bei der Aussaat feststellen, dass Sie zu wenige abgemessen und eingeweicht haben? Sie können die frei gebliebene Erde mit einer anderen Microgreen-Sorte bepflanzen, die nicht eingeweicht werden muss, aber genauso schnell keimt und wächst wie Sonnenblumen, Chinakohl ist zum Beispiel eine gute Wahl. Falls Sie zu viel Saatgut eingeweicht haben, können Sie die überschüssigen Samen aber auch in einem oder zwei 500-g-Behältern aussäen. Oder füttern Sie einfach die Vögel mit den eingeweichten Samen. Sie werden die Gratismahlzeit und besonders die weichen Schalen zu schätzen wissen.

STUNDE NULL bis 8: Saatgut einweichen. Geben Sie die abgemessenen Samen in ein etwa 1 l fassendes Gefäß mit weiter Öffnung. Ein Einmachglas ist eine gute Wahl, aber ein anderes Glas tut es auch. Füllen Sie das Gefäß mit Wasser und lassen Sie die Samen acht Stunden bei Raumtemperatur einweichen, wodurch Sie das Wachstum der Microgreens um 24 Stunden beschleunigen können. Das Timing dafür muss nicht exakt sein: Das Saatgut zwischen vier und 12 Stunden einzuweichen ist auch in Ordnung. Wenn Sie keine Zeit haben, sind ein bis zwei Stunden Einweichen besser als gar nichts. Wenn die schwarzen Schalen einweichen und ihre natürliche Farbe freisetzen, trübt das Einweichwasser schnell ein. Ihr Ziel ist es, das Wasser klar zu halten, daher müssen Sie es austauschen. Schrauben Sie für ein besseres Abfließen den Filterdeckel eines Sprossenglases auf das Gefäß und gießen Sie das Wasser ab. Wenn Sie keinen solchen Deckel haben, können Sie alternativ ein biegsames Nylonsieb oder ein Seihtuch verwenden, das mit einem Gummiband am Gefäß befestigt werden kann. Eine weitere Option ist, das Wasser durch ein feinmaschiges Sieb oder einen Durchschlag abzugießen. Nachdem das trübe Wasser abgegossen ist, füllen sie das Gefäß mit frischen Wasser, rühren oder schwenken Sie die Samen im Gefäß und lassen Sie es eine Weile stehen. Falls die Schalen das Wasser weiter verunreinigen, wiederholen Sie die Prozedur so oft wie nötig. Es ist aber auch ausreichend, wenn Sie das Wasser nur einmal im Einweichzyklus erneuern können.

OPTIONAL: einen Schieber konstruieren. Ungeschälte Sonnenblumensamen schwimmen, daher werden einige eingeweichte Samen wahrscheinlich leicht über die Wasseroberfläche ragen wie die Spitze eines Eisbergs. Diese Samen weichen nicht richtig ein und werden nicht einheitlich mit den anderen keimen. Um dieses Problem zu vermeiden, konstruieren Sie einen Schieber, der die Samen unter Wasser hält. Schneiden Sie dafür einfach ein Stück steifes Nylonsieb oder den Deckel eines Plastikbehälters so zurecht, dass er gut mit den Gefäßwänden abschließt. Setzen Sie den Schieber in das Gefäß auf die Samen und drücken Sie ihn hinunter. Wenn der Schieber die richtige Größe hat, hält er alle Samen vollständig und einheitlich unter Wasser. Wenn der Schieber etwas zu locker sitzt, können Samen daran vorbei an die Wasseroberfläche gelangen. Um das zu verhindern, beschweren Sie den Schieber mit einem Löffel oder einem anderen Utensil.

STUNDE 8: Wasser abgießen. Um die Samen ein letztes Mal zu spülen, füllen Sie das Gefäß nochmals mit frischem Wasser und gießen Sie auch dieses Wasser ab.

STUNDE 8 bis 32: Saatgut keimen lassen. Optional können Sie das Saatgut vor der Aussaat 24 Stunden keimen (sprießen) lassen. Falls Sie das nicht tun möchten, können Sie die eingeweichten Samen einfach aussäen.

Saatgut keimen zu lassen hat vier Vorteile. Erstens werden die Schalen beim Spülen weicher, so dass die Greens sie später leichter abstoßen können. Zweitens lässt sich Saatgut in einem Gefäß einfacher warmhalten als in der Erde. Drittens wachsen die Greens durch die Wärme und das Spülen schneller. Und viertens können Sie, wenn Sie eine Charge Saatgut im Voraus sprießen lassen, vor dem Aussäen die Keimungsrate überprüfen, vor allem wenn Sie eine neue Saatgutsorte ausprobieren. Bei einer niedrigen Keimungsrate können Sie das Saatgut sofort entsorgen und verschwenden auf diese Weise keine Erde.

Um das Saatgut keimen zu lassen, geben Sie es in ein Gefäß oder einen Keimungsbehälter Ihrer Wahl. Bedecken Sie das Gefäß mit dem Filterdeckel eines Sprossenglases oder einem Sieb oder Seihtuch wie im Einweichschritt (Seite 109 f.) beschrieben. Halten Sie die Samen mindestens bei Raumtemperatur warm. (Sonnenblumen sind Sommerpflanzen, deshalb gilt: je wärmer, desto besser.) Wenn es zu kalt ist, müssen Sie die Samen eventuell doppelt so lange keimen lassen. Spülen Sie die Samen während der Keimung mindestens zweimal oder falls nötig auch häufiger. Vergewissern Sie sich nach jedem Spülen, dass Luft in das Gefäß strömen kann, indem Sie auf den Filter im Deckel tippen, um Wassertröpfchen zu lösen. Stellen Sie das Gefäß seitlich hin und neigen Sie es leicht nach unten, damit überschüssiges Wasser ablaufen kann. Den gewünschten Winkel erhält man gut, wenn man das Gefäß in einer Schüssel anlehnt, die dann auch gleichzeitig das Abtropfwasser auffängt.

STUNDE 32: Saatgut letztmalig spülen. Etwa um diese Zeit sollte die kleine weiße Keimwurzel durch die Schalenspitze treten. Dieses Wunder der Geburt ist besonders bei Sonnenblumensamen beeindruckend; durch die Größe der Samen und den hohen Kontrast zwischen den weißen Wurzeln und den schwarzen Schalen ist der Anblick besonders faszinierend.

Nachdem die Wurzelkeime ausgetreten sind, spülen Sie die aufgekeimten Samen ein letztes Mal vor der Aussaat ab. Nötigenfalls können Sie die Aussaat noch um einen weiteren Tag verzögern, länger aber nicht. Wenn Sie zu lange warten, beginnen die Wurzelkeime sich zu verbiegen und stehen nach den turbulenten Spülgängen in viele verschiedene Richtungen ab, so dass sie sich nicht richtig in der Erde verwurzeln können.

TAG 1 PLUS 8 STUNDEN: Saatgut aussäen und besprühen. Verteilen Sie die Samen gleichmäßig auf dem Tablett mit feuchter Erde. Lassen Sie keine Samen übereinander liegen, da sie sonst verfaulen statt anwurzeln. Drücken Sie die Samen tief in die Erde, aber bedecken Sie sie nicht mit Erde. Das ist die Ausnahme zur Regel, da eingeweichte Samen normalerweise mit Erde bedeckt werden, damit die sprießenden Pflanzen ihre Schalen einfacher abstreifen können. Doch unerklärlicherweise erreicht man mit dem Bedecken von Sonnenblumensamen mit Erde nur, dass die Schalen noch hartnäckiger an den sprießenden Blättern haften, vielleicht weil die getrocknete Erde wie Mörtel wirkt und die Schalen dadurch an den Blättern festkleben.

Besprühen Sie die Samen nach der Aussaat mit Wasser. Verwenden Sie dafür eine Sprühflasche oder einen Wasserzerstäuber, nicht die Schlauchbrause des Spülbeckens, weil der Wasserstrahl wahrscheinlich zu stark ist und die Samen stören oder umherbewegen kann. Verwenden Sie ausreichend Wasser zur gründlichen Durchfeuchtung der Erde, aber nicht so viel, dass sich Pfützen bilden.

TAG 1 PLUS 8 STUNDEN: **Tablett abdecken.** Legen Sie ein leeres Tablett auf die Samen, so dass der Tablettboden direkt auf den Samen liegt. Wenn das Tablett größer ist als das untere, umso besser, aber auch ein genauso großes Tablett ist ausreichend. Drücken Sie nun auf das obere Tablett. So lange die Erde nicht übersättigt ist, gelangt genügend Luft an die Samen, um das Wachstum anzuregen. Dieser Schritt ist notwendig, weil Sonnenblumensamen schnell ihre Triebkraft verlieren. Sie senden zwar ihre Wurzelkeime aus, ihnen kann aber die Energie zum Anwurzeln fehlen. Wenn Wurzelkeime es nicht schaffen, sich in die Erde zu graben, irren sie ziellos darauf umher. Das obere Tablett lenkt sie in die richtige Richtung.

TAG 2 bis 3: **Saatgut abgedeckt lassen, täglich überprüfen und bei Bedarf besprühen.** Nehmen Sie einmal täglich das obere Tablett ab, um einen Blick auf die Samen zu werfen. Falls das Saatgut und die Erde ausgetrocknet aussehen, sprühen Sie ruhig, auch wenn die Samen wahrscheinlich erst an Tag 3 besprüht werden müssen. An Tag 3 beginnen die Wurzelkeime, sich im Boden zu verankern. Schon kurz darauf beginnen die Keimlinge, das obere Tablett anzuheben. Die Lücke, die sich zwischen den beiden Tabletts auftut, ist zwar nur klein, aber ein klares Zeichen dafür, dass Ihre Pläne für eine reiche Ernte Wurzel geschlagen haben.

TAG 3 bis 4: **Nach Bedarf besprühen und mit einem Gewicht beschweren.** Nehmen Sie einmal täglich das obere Tablett ab und sprühen Sie nach Bedarf mit Wasser. Nachdem Sie das obere Tablett wieder aufgelegt haben, beschweren Sie es ein wenig, um ein kräftiges Wachstum zu fördern. Wie schwer genau das Gewicht ist, hat keine Bedeutung. Stellen Sie zum Beispiel die Sprühflasche, das leere Sprossenglas, ein paar leere Tabletts oder ein anderes Tablett mit Erde und Sonnenblumensamen auf das erste Tablett. Dieser zusätzliche Widerstand kräftigt Stängel und Wurzeln. Wenn die Sonnenblumensamen eine starke Triebkraft haben, ist kein zusätzliches Gewicht nötig. Aber Widerstand kann den Samen nicht schaden und behindert sie auch nicht, daher können Sie sie ruhig etwas beschweren.

TAG 4 oder 5: Gewicht entfernen und verirrte Keimlinge auszupfen. Nehmen Sie das obere Tablett und das zusätzliche Gewicht ab, bevor die Lücke zwischen den Tabletts 2,5 cm erreicht hat. Zupfen Sie verirrte Keimlinge mit einer feinen Pinzette (nicht mit den Fingern) aus. Das sind unter anderem solche, die von anderen Keimlingen am Bodenkontakt gehindert werden, die es nicht geschafft haben, ihre Wurzeln zu verankern, oder solche, die in eine andere Richtung gewachsen sind als in die Erde. Wenn Sie die fehl-

geleiteten Keimlinge nicht entfernen, sterben sie ab, faulen und kontaminieren die gesunden Keimlinge. Dieser Schritt kann ein bisschen knifflig sein; vermeiden Sie es, bereits verankerte Keimlinge zu entwurzeln, deren Wurzeln sich mit nicht verankerten Keimlingen verheddert haben.

TAG 4 oder 5: Keimlinge ins Licht stellen. Stellen Sie die Sonnenblumen-Greens möglichst an Tag 4 ins Licht, ansonsten in jedem Fall an Tag 5. Damit üppige Blätter statt langer Stängel wachsen, verschaffen Sie den Greens so viel direktes Sonnenlicht, wie es die Jahreszeit erlaubt. Überlegen Sie sich, das Tablett nach draußen zu stellen, damit die Greens Sonnenlicht erhalten, das nicht von Glas oder einem Drahtnetz vor dem Fenster gefiltert wird. Direktes Sonnenlicht verbreitert, verdickt und energetisiert die Blätter so sehr, dass sie nach nur einem Tag in der Sonne fast alle Schalen abstoßen. Achten Sie nur auf umherstreichende Eichhörnchen und gewiefte Raben, die von den Schalen angezogen werden und es auf einen Leckerbissen abgesehen haben.

Erwähnenswert ist in diesem Zusammenhang, dass viele Microgreen-Großerzeuger Sonnenblumen-Greens in diesem Stadium nicht ins Licht stellen; vielmehr lassen sie ihre Keimlinge weiter im Dunkeln, was lange Stängel und dürftige Blätter zur Folge hat. Einige Erzeuger stellen ihre Pflanzen nur am letzten Tag ins Licht, was erklärt, warum deren blasse Sonnenblumen-Greens wie Eisbergsalat schmecken.

TAG 5 bis 7: Täglich von oben bewässern. Nun ist es Zeit, dem Finger am Sprühflaschenabzug eine Pause zu gönnen. Wurzeln, die sich vielleicht durch etwas unsanftes Besprühen gelockert hatten, sind jetzt fest verankert, so dass Sie die Sonnenblumen-Greens nun mit einer Gießkanne oder einer Schlauchbrause von oben gießen können.

Stellen Sie das Tablett mit den Sonnenblumen-Greens flach auf den Spülbeckenboden, so dass es gut hineinpasst; falls nicht, neigen Sie das Tablett so, dass ein Ende aus dem Becken ragt. Bewässern Sie die Greens und achten Sie dabei darauf, das Wasser direkt auf eventuell verbleibende Schalen zu richten, um sie vollständig zu befeuchten. Bewässern Sie nicht zu viel. Warten Sie 30 Sekunden, bis die Erde das Wasser aufgenommen hat, und lassen Sie überschüssiges Wasser abfließen. Falls das Tablett noch nicht im Spülbecken angelehnt steht, heben Sie ein Ende an und lehnen Sie es an den oberen Rand des Beckens, damit es besser abtropfen kann. Drehen Sie das Tablett nach ein paar Minuten um und lassen Sie es auch von der anderen Seite abtropfen. Mit der Zeit lernen Sie abzuschätzen, wie viel Wasser Sie brauchen, so dass dann nur noch wenig oder gar kein überschüssiges Wasser mehr abtropfen muss.

TAG 5, 6 oder 7: Greens ernten. Die optimale Erntezeit endet mit dem ersten Anzeichen für die zweite Blattgruppe der Laubblätter. Halten Sie nach diesen zwei winzigen Blättern in der Mitte der großen Keimblätter Ausschau. Bevor die Laubblätter austreten, sind die Microgreens süß und zart, werden aber schon kurz darauf zäh und faserig. Wenn Sie Ihre Ernte hinauszögern, fällt sie größer und höher aus, aber auch zäh und herb.

Ernten Sie die Sonnenblumen-Greens, bevor die Laubblätter austreten und sobald die Blätter alle oder fast alle Schalen abgeworfen haben. Im Sommer, wenn reichlich direktes Sonnenlicht vorhanden ist, kann das schon am Abend von Tag 4 der Fall sein, aber ernten

Sie nicht vor dem Morgen von Tag 5. Dann können die Sonnenblumen-Greens über Nacht noch Zucker und Stärke verstoffwechseln. Im übrigen Jahr können Sie realistischer mit einer Ernte am Morgen von Tag 6 oder 7 rechnen.

Falls immer noch einige Schalen an den Blättern haften, entfernen Sie sie vor dem Ernten. Pflücken Sie übrig gebliebene Schalen einfach per Hand ab. Erst nach der Ernte zu versuchen, die Schalen zu entfernen, ist wesentlich schwieriger.

Falls Sie vorhaben, die Sonnenblumen-Greens in den Kühlschrank zu stellen, bewässern Sie sie am Tag vor der Ernte nicht von oben, weil sie sonst nicht rechtzeitig trocknen. Falls Sie aber bewässern müssen, tun Sie dies von der Seite (siehe Seite 96 f.).

TAG 5 bis 14: Erntewellen beachten. Sonnenblumensamen produzieren eine zweite und sogar dritte, vierte und fünfte Erntewelle, auch wenn jede spärlicher ausfällt. Die zweite Erntewelle kann mengenmäßig mehr als ein Drittel der ersten betragen und

schmeckt genauso gut. Wenn die Greens auf einem Tablett gezogen werden, fällt die dritte Erntewelle nicht mehr ganz so reichlich aus, weil inzwischen die Nährstoffe in der Erde aufgebraucht sind, so dass die Pflanzen sehr viel weniger schmackhaft sind. Die vierte und fünfte Erntewelle ist dann verkümmert und ungenießbar. Da Nährstoffmangel in der Erde das Problem ist, können Sie, falls Sie alle Erntewellen der Sonnenblumen-Greens nutzen möchten, vor der Aussaat Dünger in die Anzuchtmischung oder Pflanzenerde geben. Eine weitere Alternative ist, von Anfang an mehr Anzuchtmischung oder Pflanzenerde zu verwenden, was bedeutet, von flachen Tabletts auf 500-g-Behälter oder Aufzuchtschalen umzusteigen.

Falls Sie auf Tabletts anbauen, die nur eine dünne Schicht Erde fassen, ernten Sie nur die erste und zweite Welle und geben Sie die restliche Matte mit den Greens auf den Kompost. Von den tagesaktiven Vögeln und nachtaktiven Säugetieren, die sich an den Sonnenblumen-Greens der letzten Erntewellen gütlich tun werden, wird sich keines beim Gärtner beschweren.

Erbsen-Greens

Zum Ziehen von Erbsen-Greens werden reife grüne Erbsen bestimmter Varietäten verwendet. Im Lebensmittelgeschäft und auch im Bioladen werden Sie sie nicht finden; Erbsen oder Samen dieser Art müssen Sie bei Anbietern von Gartenbau-Saatgut bestellen. Zu den bevorzugten Varietäten grüner Erbsen für Erbsen-Greens gehören Futtererbse, Zuckererbse, Zwerg-Zuckererbse, Knackerbse, Zuckerknackerbse und Zuckerschote. Beachten Sie, dass Duftende Platterbsen (*Lathyrus odoratus*), eine Zierpflanze, deren Triebe giftig sind, *nicht* zum Ziehen von Erbsen-Greens verwendet werden dürfen.

Anders als Sonnenblumensamen müssen Erbsen nicht im Kühlschrank aufbewahrt werden. Sie lassen sich bei Raumtemperatur lagern.

So ziehen Sie Ihre Greens

Erbsen-Greens werden fast wie Sonnenblumen-Greens kultiviert, es gibt aber Unterschiede zwischen beiden. Sonnenblumen-Greens lieben Wärme, Erbsen-Greens kommen mit einem großen Temperaturbereich zurecht. Da sie keine Schalen haben, die abgeworfen werden müssen, verlangen Erbsen-Greens nicht so viel Aufmerksamkeit. Und nach der ersten Ernte entwickeln sich die zweite und dritte Erntewelle nicht aus verzögerter Keimung, sondern aus den Folgeschnitten derselben Keimlinge.

Die Schritte zum Ziehen von Erbsen-Greens auf Tabletts sind im Großen und Ganzen dieselben wie bei Sonnenblumen-Greens. Nachfolgend werden die Unterschiede für Erbsen-Greens herausgestellt. Beachten Sie, dass beim Ziehen von Erbsen-Greens ein anderer Zeitplan gilt als bei Sonnenblumen-Greens.

Erbsen einweichen. Wie Sonnenblumensamen müssen Sie auch Erbsen vor der Aussaat acht Stunden einweichen (wobei 12 Stunden noch besser sind, falls Sie die Möglichkeit haben, das Wasser nach der Hälfte der Zeit auszutauschen). Dieser Schritt ist besonders bei Erbsen wichtig, weil die lebensfähigen Erbsen beim Einweichen aufquellen, die toten aber nicht. Auf diese Weise können Sie tote Erbsen, die vor dem Aussäen nicht keimen und nicht zu Sprossen werden, erkennen und aussortieren. Falls Sie in diesem frühen Stadium zu viele tote Erbsen zum Aussortieren finden, brechen Sie das Ganze ab. Kompostieren Sie den gesamten Gefäßinhalt und Ihren restlichen Vorrat.

Erbsen keimen lassen. Die Erbsen vor dem Pflanzen keimen zu lassen ist nicht so wichtig wie bei Sonnenblumensamen, aber dennoch empfehlenswert. Je nach Varietät kann die Keimung doppelt so lange dauern wie bei Sonnenblumen.

Erde vorbereiten. Erbsen sollten in Pflanzenerde ausgesät werden, nicht in Anzuchtmischung. Falls Sie einen zweiten oder dritten Schnitt ernten wollen, geben Sie Dünger zur Erde. Alternativ können Sie auch einfach mehr Erde verwenden, was bedeutet, von Tabletts auf 500-g-Behälter oder Aufzuchtschalen umzusteigen.

Erbsen aussäen. Bedecken Sie die Erbsen mit einer dünnen Schicht Pflanzenerde, damit die Wurzelkeime in jedem Fall nach unten statt verehrt herum wachsen. An den austretenden Trieben

haftende Erde geht später ab, da Sie die Sprossen von oben bewässern werden. Auch hier hängt das Wachstumsstadium von der Varietät ab und kann doppelt so lange dauern wie bei Sonnenblumen. Bei der zweiten Erntewelle kann es sogar noch länger ausfallen.

Von oben bewässern. Die Bewässerung von oben wird in den frühen Wachstumsstadien empfohlen, damit die Erbsen immer mit Feuchtigkeit versorgt sind. Wenn Sie Erbsen-Greens nur unter indirektem Sonnenlicht und in einem Raum mit stehender Luft ziehen, könnte sich Schimmel nicht nur auf den Stängeln und Blättern bilden, sondern auch auf den Erbsen selbst. Entfernen Sie beim ersten Anzeichen dafür die infizierten Erbsen und stellen sie auf die Bewässerung von der Seite um.

Für reichlich Licht sorgen. Erbsen-Greens brauchen zwar nicht so viel Licht wie Sonnenblumen-Greens, aber dennoch brauchen sie es; stellen Sie ihnen daher auf jeden Fall reichlich davon zur Verfügung. Einige Microgreen-Anbauer ziehen Erbsen-Greens fast komplett im Dunkeln, damit sie zart und blanchiert bleiben. Aber mit ihren spärlichen Blättern und ihrem Mangel an Chlorophyll fehlen solchen Keimlingen sowohl Geschmack als auch Nährwert.

Greens ernten. Bei der Ernte können Sie mit drei Schnitten pro Tablett rechnen. Die Anzahl der Schnitte wird nur durch den Nährstoffabbau in der Erde eingegrenzt. Mit dem Verbrauch der Nährstoffe verlangsamt sich die Wachstumsrate und verringert sich die Süße. Aber bis die Erde komplett ausgelaugt ist, bleiben die folgenden Sprossenschnitte mengenmäßig gleich. Daher können Erbsen Ihnen gute Erträge bringen, wenn Sie sie in fruchtbare Erde pflanzen.

Der erste Schnitt kann nach neun oder zehn Tagen geerntet werden, falls die Erbsen-Greens in direktem Sonnenlicht stehen, auch im Winter. Falls die Erbsen-Greens in weniger intensivem Licht gezogen werden, rechnen Sie mit zwei weiteren Tagen bis zur ersten Ernte.

Sehen Sie sich die Sprossen vor dem Ernten genau an. Ganz unten am Stängel sollten Sie eine Verdickung sehen, aus der kaum sichtbar zwei winzige Blätter austreten. Etwas höher am Stängel sehen Sie das erste Paar vollständig ausgewachsener Blätter. Für den ersten Schnitt schneiden Sie die Stängel direkt über diesen großen Blättern ab, falls Sie einen zweiten oder dritten Schnitt ernten möchten. Setzen Sie bei darauffolgenden Schnitten höher an den Stängeln an. Falls Ihr erster Schnitt Ihre einzige Ernte sein wird, kappen Sie die Stängel direkt unter diesen Blättern. Darunter werden die Stängel spröde und bitter sein.

Stellen Sie sich auf acht bis zehn Tage zwischen jedem Folgeschnitt ein. Die optimale Anzahl der Schnitte pro Tablett ist abhängig von der Varietät und der Triebkraft der Erbsen, der Fruchtbarkeit der Erde, Ihrer Schnitthöhe am Stängel und der Zeit, die Sie den Sprossen zwischen den Schnitten zum Wachsen lassen. Der dritte Schnitt kann nicht mehr ganz so süß sein, da Geschmack und Nährwert mit jedem Schnitt abnehmen. Außerdem wird jedes Mal der Abstand zwischen den Blattknoten größer, was längere Stängel und weniger und kleinere Blätter zur Folge hat. Nach dem dritten Schnitt ist es daher eine gute Idee, das Tablett mit den Erbsenstümpfen dem Kompost zu übergeben.

Genießen Sie Erbsen-Greens roh oder gedünstet

Erbsen-Greens entwickeln nicht nur Blätter, sondern auch Ranken, die genauso gut schmecken wie die Blätter. Neue Varietäten werden selektiv auf die Ausprägung ihrer Ranken gezüchtet, fedrige Stielspitzen, die ihnen als »Hände« dienen. Die Ranken suchen und ergreifen unbewegliche Objekte als Stütze, während die Erbsenpflanze in die Höhe klettert.

Erbsenblätter und -ranken sind köstlich, wenn man sie – so wie sie sind – roh verzehrt. Die ersten beiden Schnitte verdienen es, als einzige Zutat eines einfachen Salates ohne alles serviert zu werden. Gegart wiederum sind Erbsen-Greens recht süß. Dünsten Sie sie für die besten Ergebnisse – sogar das zurückbleibende Kochwasser schmeckt gut.

Insider-Info: Sonnenblumen und Erbsen

SONNENBLUMEN

- Verwenden Sie zum Ziehen von Sonnenblumen-Greens ungeschälte schwarze Sonnenblumensamen.
- Messen Sie die Sonnenblumensamen vor dem Einweichen ab. Probieren Sie, mit 118 ml Samen pro Tablett zu starten. Alternativ können Sie die Menge der zu pflanzenden Samen auch bestimmen, indem Sie eine einzelne Schicht Samen auf einem leeren Tablett ausbreiten. Die Samen sollten sich nicht berühren.
- Weichen Sie Sonnenblumensamen vor der Aussaat acht Stunden ein und tauschen Sie das Wasser währenddessen mindestens einmal aus.

- Lassen Sie Sonnenblumensamen vor der Aussaat 24 Stunden in einem Sprossenglas keimen und spülen Sie die Samen währenddessen mindestens zweimal.
- Wenn es Zeit zum Pflanzen ist, füllen Sie das Tablett bis oben mit feuchter Erde, säen Sie die für die Größe des Tabletts passende Menge Sonnenblumensamen aus und verteilen Sie die Samen gleichmäßig und dünn auf der Erde. Bedecken Sie die Samen nicht mit Erde; dies ist eine Ausnahme zur Regel, da eingeweichte Samen nach der Aussaat normalerweise mit Erde bedeckt werden.
- Bedecken Sie das Tablett bis zur Keimung mit einem weiteren Tablett. Wenn die Keimlinge austreten, beschweren Sie das Tablett ein wenig, um ein kräftiges Wachstum zu fördern.
- Befeuchten Sie früh im Wachstumszyklus die Sonnenblumensamen und austretende Keimlinge mithilfe einer Sprühflasche oder eines Zerstäubers. Stellen Sie auf die Bewässerung von oben um, wenn die Keimlinge fest verankert sind.
- Stellen Sie die Sonnenblumen-Greens vor der Ernte wenn möglich nach draußen ins direkte Sonnenlicht, um den Blättern zu helfen, zu wachsen und die Schalen abzustoßen.
- Ernten Sie Sonnenblumen-Greens, bevor die zweite Blattgruppe der Laubblätter erscheint. Pflücken Sie nötigenfalls übrig gebliebene Schalen vor der Ernte per Hand ab.

ERBSEN

- Nutzen Sie das Reifestadium bestimmter Varietäten grüner Erbsen zum Ziehen von Erbsen-Greens (kaufen Sie sie bei einem Anbieter von Gartenbau-Saatgut).
- Weichen Sie Erbsen vor der Aussaat ein. Lassen Sie sie im Idealfall vor der Aussaat in einem Sprossenglas keimen.
- Säen Sie Erbsen in Pflanzenerde aus, nicht in Anzuchtmischung.
- Bewässern Sie Erbsen von oben, aber stellen Sie beim ersten Anzeichen von Schimmel auf die Bewässerung von der Seite um.
- Rechnen Sie mit bis zu drei Schnitten Erbsen-Greens pro Tablett. Kappen Sie die Stängel über den großen Blättern, falls Sie mehrere Schnitte planen.

9
Empfehlenswerte Microgreens

Mehr als 50 Microgreen-Sorten sind empfehlenswert, da sie besonders aromatisch sind. Außerdem ist das Saatgut meist günstig, und die Greens wachsen schnell. Von nur wenigen Ausnahmen abgesehen, brauchen die folgenden Microgreens weniger als eine Woche zum Keimen und weniger als zwei Wochen bis zur Schnittlänge.

Über die unverwechselbaren Merkmale jedes Microgreens lässt sich vieles sagen. Um die Beschreibungen einigermaßen einheitlich zu gestalten, werden jeweils die folgenden Angaben gemacht.

Bezeichnung: An erster Stelle werden die allgemein gebräuchlichen Namen genannt. In Klammern und kursiv gedruckt stehen dahinter die wissenschaftlichen Bezeichnungen, die die Gattung und die Pflanzenart beinhalten (»var.« in der wissenschaftlichen Bezeichnung ist die Abkürzung für »Varietät«). Alternative, umgangssprachliche oder fremdsprachliche Bezeichnungen können auch genannt werden. Die Wissenschaft entwickelt sich ständig weiter, und auch wissenschaftliche Pflanzenbezeichnungen ändern sich mit der Zeit. Tatsächlich ist man sich in der Wissenschaft aktuell nicht bei allen Pflanzenbezeichnungen einig, und eine Referenzliste, mit der alle Botaniker einverstanden sind, gibt es nicht. Die Hauptbezugsquellen für die wissenschaftlichen Bezeichnungen in diesem Buch sind Standardwerke, Sekundärquellen sind die Saatgutpäckchen, Websites und Kataloge verschiedener Saatgutanbieter.

Einfach oder schwierig anzubauen: »Einfach anzubauen« bedeutet im Wesentlichen, dass großes Potenzial für eine erfolgreiche Ernte besteht, »schwierig anzubauen« bedeutet ein erhöhtes Risiko für Missernten. Jedes der folgenden Microgreens wird entweder als sehr einfach, einfach, schwierig oder sehr schwierig anzubauen eingestuft.

Kühle oder warme Jahreszeit: »Kühle Jahreszeit« bezieht sich auf die kurzen Tage mit schwächerem Sonnenlicht, »warme Jahreszeit« auf die langen Tage mit stärkerem Sonnenlicht. Beachten Sie, dass Licht und Dunkelheit die Geschwindigkeit des Pflanzenwachstums mehr beeinflussen als Wärme oder Kälte.

Die meisten der folgenden Microgreens werden entweder in die kühle oder warme Jahreszeit eingeordnet; ein paar tun sich aber besonders in der heißen Jahreszeit hervor. Pflanzen der kühlen Jahreszeit gedeihen unter 18 °C. Sie bilden Pflanzenzucker als Verteidigung gegen Kälte; reifer Grünkohl und Äpfel zum Beispiel werden erst nach dem ersten Herbstfrost süß. Pflanzen der warmen Jahreszeit gedeihen über 24 °C, und einige Pflanzen der heißen Jahreszeit fühlen sich sogar bei noch höheren Temperaturen wohl.

Nach der Keimung allerdings wachsen die meisten Microgreens trotz dieser Einstufungen bei Raumtemperatur zwischen 18 und 24 °C, es sei denn, es ist etwas anderes angegeben. Alle Microgreens im Allgemeinen und Mitglieder der Gattung *Brassica* im Besonderen wachsen auch bei Temperaturen außerhalb des benannten Bereiches, allerdings nicht so schnell, und sie erreichen dann auch nicht ihren vollen Geschmack.

Falls Ihre Ernte einen geringen Ertrag oder einen bitteren Geschmack hat, warten Sie, bis die Jahreszeit sich ändert, und versuchen Sie den Anbau erneut. Bleibt der Erfolg dann immer noch aus, warten Sie einen weiteren Jahreszeitenwechsel ab und versuchen Sie es nochmals.

Einweichen: Wenn nicht anders angegeben, braucht das Saatgut vor der Aussaat nicht eingeweicht zu werden.

Aussaat: Wenn nicht anders angegeben, sollte das Saatgut sanft in die Erde gedrückt, aber nicht mit Erde bedeckt werden.

Keimung: Wenn nicht anders angegeben, benötigen die meisten Microgreens, auch für die kühle Jahreszeit, Temperaturen über 21 °C, um schnell und mit einer hohen Rate zu wachsen. Dies ist die Temperatur, bei der sich die ersten Keimwurzeln zeigen, und wenn nicht anders angegeben, treten die Keimwurzeln nach zwei bis drei Tagen in derselben Länge wie die Samen aus.

Beachten Sie, dass sich die auf den Saatgutpäckchen und in den Saatgutkatalogen angegebenen Keimzeiten auf Saatgut beziehen, das draußen gepflanzt wird. Draußen unter der Erde ausgesät brauchen die Keimlinge länger, um über die Erde zu gelangen. Meist werden Microgreen-Samen über der Erde ausgesät, was die Keimzeit um zwei oder mehr Tage verkürzt.

Sonnenlicht: Wenn nicht anders angegeben, gedeihen Keimlinge unter direktem Sonnenlicht; stellen Sie ihnen also so viel davon zur Verfügung, wie die Jahreszeit es erlaubt.

Ernte: Wenn nicht anders angegeben, schwanken Geschmack und Saftigkeit zwischen Keim- und Laubblattstadium nur geringfügig, daher kann bei den meisten Microgreens die Ernte in jedem Stadium optimal sein. Verlassen Sie sich nicht auf die Anzahl der Tage bis zur Ernte, mit denen Saatgutverkäufer oftmals werben. Genaue Vorhersagen sind aufgrund der schieren Anzahl der Variablen, die die Wachstumsgeschwindigkeit der Keimlinge beeinflussen, gar nicht möglich. Dazu gehören die Varietät und die Triebkraft des Saatguts, die Fruchtbarkeit und der Säuregehalt der Erde, der Säuregehalt und die Reinheit des Wassers, die Nachttemperatur, die Tagestemperatur, die Tageslänge, sonniges oder wolkiges Wetter – die Liste ließe sich fortsetzen. Außerdem müssen Sie den veränderlichsten Faktor von allen berücksichtigen: Sie selbst. Niemand außer Ihnen kann sagen, in welchem Stadium Ihnen Aussehen und Geschmack irgendeines Microgreens am meisten zusagen.

Microgreens können gewöhnlich zwischen einer bis vier Wochen nach der Aussaat geerntet werden, auch wenn dieser breit gefasste Bereich vielleicht nicht besonders viel Aussagekraft hat. Wenn Sie den Erntezeitpunkt grob abschätzen möchten, können Sie die Anzahl der Tage bis zur Keimung als Grundlage nehmen. Wenn Sie die Tage zählen, die ein Samen bis zur Keimung braucht, und diese Zahl mit 4 multiplizieren, erhalten Sie die ungefähre Anzahl der Tage, die vom Zeitpunkt der Aussaat bis zum Höchststand der Keimblätter vergehen (noch vor irgendeinem Anzeichen für Laubblätter). Nehmen Sie dann diese Zahl und multiplizieren Sie sie mit 2, um die ungefähre

Anzahl der Tage zu erhalten, die vom Zeitpunkt der Aussaat bis zur vollständigen Entfaltung der ersten Laubblätter vergehen.

Geschmack: Wegen ihrer Subjektivität haben Meinungen über Geschmack und Genießbarkeit natürlich weniger Aussagekraft als Unterscheidungen wie »einfach anzubauen« oder »schwierig anzubauen«. Allerdings kann es hilfreich sein zu wissen, ob der Geschmack von Microgreens sich im Keim- oder Laubblattstadium merklich unterscheidet; in diesem Fall wird darauf hingewiesen. Wenn nicht anders angegeben, ist der Geschmack im Keimblattstadium fast identisch mit dem Geschmack im Laubblattstadium.

Varietäten und Farben: Bei Microgreens sind die Unterschiede zwischen den Varietäten häufig vernachlässigbar, und innerhalb einer Art hat eine Varietät keine Vorteile gegenüber einer anderen. Einige tun sich aber durch ihre spezifischen Merkmale hervor, dann wird entsprechend darauf hingewiesen. Microgreen-Blätter sind mehr oder weniger grün, die Stängel sind cremefarben oder blassgelb zur Erntezeit. Auf Ausnahmen wird hingewiesen.

Hinweis: In dieser Rubrik finden Sie weitere Informationen, die hilfreich sein könnten.

Alfalfa *(Medicago sativa)*

Einfach anzubauen

Warme Jahreszeit

Keimung: Alfalfa keimt in ein bis zwei Tagen.

Sonnenlicht: Schützen Sie Alfalfa vor direkter sommerlicher Mittagssonne.

Hinweis:

- Einige Menschen haben Bedenken über den Anbau von Alfalfa-Microgreens, weil Alfalfa-Sprossen mit lebensmittelbedingten Erkrankungen im Zusammenhang stehen. Zwar kann jede Pflanze durch tierische Düngemittel kontaminiert werden, aber Alfalfa hat sich als besonders effizienter Träger erwiesen, weil die Samen für eine schnellere Keimung an der Oberfläche eingekerbt sind und daher Mikroben ein Versteck bieten. Die zur Keimung notwendigen Bedingungen Wärme, Feuchtigkeit und Dunkelheit bieten Mikroben die perfekte Umgebung zur Vermehrung, und durch Spülen und Umrühren können Mikroben auf unkontaminierte Sprossen verteilt werden. Beim Microgreen-Anbau ist Umrühren allerdings nicht vorgesehen, und das zum Wachstum der Microgreens notwendige Sonnenlicht ist ein natürliches Desinfektionsmittel, das eventuell in der Erde befindliche Mikroben abtötet. Da die Bewässerung von der Seite und von unten die Erde nicht stört und dadurch keine Erde auf Stängel und Blätter spritzt, brauchen

Sie sich um das Risiko keine Sorgen zu machen, verunreinigte Alfalfa-Microgreens (oder überhaupt Microgreens) zu essen, wenn diese Methoden eingesetzt werden.

- Alfalfa-Microgreens entwickeln (im Vergleich zu Sprossen) große, grüne Blätter. Diese Blätter machen die Microgreens nahrhafter und appetitlicher als die Sprossen.

Amarant *(Familie der Amaranthaceae)*

Gemüse-Amarant

Sehr schwierig anzubauen

Heiße Jahreszeit

Einweichen: Weichen Sie Amarant-Samen definitiv *nicht* ein. Falls doch, kann es sein, dass sie gar nicht keimen.

Keimung: Amarant keimt in zwei bis drei Tagen, wenn die Temperatur über 24 °C liegt.

Geschmack: Es gibt zwei Arten von Amarant: Eine wird für die Körner, die andere für die Blätter kultiviert. Microgreens werden aus Blatt-Amarant (auch: Chinesischer Spinat) gezogen, wovon es eine rote und eine grüne Art gibt. Der Geschmack von rotem Gemüse-Amarant ist eher fad, was die intensive Farbe aber wieder wettmacht. Grünen Blatt-Amarant brauchen Sie gar nicht erst anzubauen, da seine Farbe den fehlenden Geschmack nicht aufwiegt.

Varietäten und Farben: Im Keimblattstadium leuchten die sehr zarten Blätter und Stängel von Gemüse-Amarant (*Amaranthus tricolor*) in einem fast übernatürlichen Magenta. Auf Fotos hat Gemüse-Amarant eine so intensive Farbe, dass man fast glaubt, es mit Bildbearbeitung zu tun zu haben. Im Laubblattstadium vertieft sich die Farbe von Gemüse-Amarant zu einem dunklen Violett.

Hinweis: Da Amarant-Microgreens im Keimblattstadium so strahlend rot sind, machen sie sich wunderbar gemischt mit anderen Microgreens. Die kontrastierenden Farbtöne sind faszinierend.

Basilikum *(Ocimum basilicum)*

Schwierig anzubauen

Warme Jahreszeit

Zimtbasilikum

Aussaat: Füllen Sie die Erde bis an den oberen Rand, weil Basilikumstängel kurz sind und Basilikum niedrig wächst. Verteilen Sie die Samen dünn und achten Sie darauf, dass sie sich nicht berühren, da sie sehr schleimbildend sind und bei der ersten Bewässerung zu einer festen Masse erstarren. Nachdem die Samen bewässert wurden, lassen Sie sie ungestört stehen.

Keimung: Basilikumsamen sind schwierig zum Keimen zu bringen, aber Licht verbessert die Keimung. Werden die Samen im Dunkeln gelassen, keimen sie dennoch, wenn auch anfangs langsamer, was eine ansehnliche zweite Erntewelle zur Folge hat.

Ernte: Sobald sich die Laubblätter bilden, wachsen die Keimlinge wegen des dichten Bewuchses kaum noch und werden faseriger.

Daher ist es am besten, Basilikum zu ernten, bevor oder wenn die Laubblätter austreten. Bei anfänglicher Keimung im Dunkeln bringt Basilikum eine beachtliche zweite Erntewelle, machen Sie sich also nach der ersten Ernte darauf gefasst.

Geschmack: Sowohl das Keim- als auch das Laubblattstadium haben denselben minzartigen Geschmack, für den reifes Basilikum bekannt ist.

Varietäten und Farben:

- Zimtbasilikum *(Ocimum basilicum* var. *cinnamomum)* hat grüne Blätter mit violetten Adern und violetten Stängeln. Sein Zimtaroma ist im Keimblattstadium stärker, aber selbst dann müssen Sie Ihre Nase wirklich in die Blätter stecken, um es überhaupt wahrzunehmen. Trotz seines Namens schmeckt dieses Microgreen nicht nach Zimt, daher zahlen sich Mehrausgaben für dieses Saatgut nicht unbedingt aus.
- Zitronenbasilikum *(Ocimum basilicum* var. *citriodora)* keimt langsamer als anderes Basilikum in vier bis fünf Tagen, hat leuchtend grüne Blätter und einen ausgeprägt zitronigen (und weniger basilikumartigen) Geschmack. Durch gleichmäßiges Wachstum bilden die Blätter ein eng gewobenes, schildartiges Dach. Von den fünf hier gelisteten Varietäten ist Zitronenbasilikum am schönsten.
- Rotes Basilikum *(Ocimum basilicum* var. *purpurascens)* keimt in zwei bis vier Tagen und hat größtenteils violette Blätter. Sein Geschmack ist im Vergleich zu Süßem Basilikum fad; ziehen Sie dieses Microgreen daher nur wegen der Farbe. Anders als bei anderen Basilikumspezialitäten sind die Samen relativ preisgünstig. Da die Keimungsrate identisch mit der von Süßem Basilikum ist, probieren Sie, beide gemeinsam anzubauen, indem Sie die Samen

von Rotem und Süßem Basilikum zu gleichen Teilen mischen.

- Süßes Basilikum *(Ocimum basilicum* var. *basilicum)* keimt in zwei bis vier Tagen. Sein Geschmack ist hervorragend und am besten, bevor die Laubblätter auszutreten beginnen. Diese Varietät ist der Maßstab, an dem alle anderen Basilikumarten gemessen werden. Nur Thai-Basilikum kann es mit seinem köstlichen Geschmack aufnehmen. Die Samen von Süßem Basilikum sind weitaus günstiger als andere Basilikumsamen; überlegen Sie sich, direkt ein halbes Kilogramm Saatgut zu kaufen, da Süßes Basilikum wahrscheinlich zu Ihren Lieblings-Microgreens gehören wird, auch wenn es geringe Erträge bringt und der Anbau anspruchsvoll ist.
- Süßes Thai-Basilikum *(Ocimum basilicum* var. *thyrsiflorum)* keimt in vier oder mehr Tagen und hat winzige, zarte, gelbgrüne Blätter, die nach sieben oder acht Tagen grün werden. Die Stängel werden bei direktem Sonnenlicht rosa-violett; bei dichtem Bewuchs bleiben die Stängel drinnen angebauter Pflanzen weißlich-grün. Thai-Basilikum

Rotes Basilikum

Süßes Basilikum

Thai-Basilikum

wächst langsamer und ist kleiner als Süßes Basilikum und hat eine weniger reiche zweite Ernte, was einfach bedeutet, dass die meisten Samen schon in der ersten Erntewelle keimen. Beim Geschmack ist Thai-Basilikum der einzige Rivale von Süßem Basilikum. Sein einzigartiges Lakritzaroma lohnt die längere Wachstumszeit und den geringeren Ertrag, vielleicht aber nicht unbedingt die höheren Ausgaben. Thai-Basilikum ist die teuerste der hier gelisteten fünf Varietäten.

Hinweis: Wenn Sie Basilikum-Microgreens geerntet haben, stellen Sie sie nicht kühl und lagern Sie sie nicht unter 10 °C, ansonsten werden die Blätter schwarz und verderben.

Baumspinat *(Chenopodium giganteum)*

Baumspinat

Bezeichnung: Baumspinat wird auch Riesengänsefuß genannt.

Schwierig zum Keimen zu bringen, aber einfach anzubauen

Warme Jahreszeit

Keimung: Baumspinat keimt in 12 bis 14 Tagen bei Temperaturen über 21 °C, wenn er ins Licht gestellt wird. Im Dunkeln kann die Keimung bis zu drei Wochen dauern.

Ernte: Baumspinat wächst langsam. Sogar noch vier Wochen nach der Aussaat kann es sein, dass er kaum groß genug ist, um geschnitten zu werden.

Geschmack: Baumspinat schmeckt ähnlich wie roher Spinat, wird aber mehr wegen des verlockenden roten Einschlags auf seinen Blättern und oberen Stängeln als wegen seines Geschmacks angebaut.

Varietäten und Farben: Schauen Sie nach magentafarbenem Baumspinat.

Bockshornklee *(Trigonella foenum-graecum)*

Einfach anzubauen

Warme Jahreszeit

Einweichen: Weichen Sie Bockshornkleesamen vier bis acht Stunden ein. Das Wasser wird sich gelb verfärben; tauschen Sie es daher möglichst nach zwei bis vier Stunden aus.

Aussaat: Bockshornklee kann wie Sonnenblumen oder Erbsen abgedeckt und beschwert werden (siehe Kapitel 8). Das soll nicht bewirken, dass die Keimwurzeln anwachsen, sondern es soll dicke, saftige Stängel fördern. Lassen Sie die Abdeckung und das Gewicht nach der Keimung noch zwei Tage liegen, nehmen Sie dann beides ab und stellen Sie die Keimlinge ins Licht.

Keimung: Bockshornklee keimt in zwei Tagen.

Geschmack: Das Keimblattstadium ist im Vergleich zum Laubblattstadium sehr bitter, außer wenn Bockshornklee im Dunkeln gezogen wird.

Hinweis:

- Bockshornkleesamen sehen aus wie riesige Alfalfa-Samen und wachsen wie Mungobohnen, was gar nicht so überraschend ist, da sie alle derselben Familie der Hülsenfrüchtler angehören.

- Schauen Sie in der Gewürzabteilung von Naturkostläden nach Bockshornkleesamen.
- Anbieter von Saatgut für Sprossen oder Gartenbau vermarkten Bockshornkleesamen speziell für die Sprossenzucht, aber diese Samen sind genauso gut für den Microgreen-Anbau geeignet.

Brokkoli *(Brassica oleracea* var. *italica)*

Brokkoli

Einfach anzubauen

Kühle Jahreszeit, verträgt aber auch Wärme.

Ernte: Es wird empfohlen, dieses Microgreen im Keimblattstadium zu ernten. Ungewöhnlich bei Microgreens der Gattung *Brassica* ist das zerzauste Aussehen sogar im Keimblattstadium.

Geschmack: Brokkoli-Microgreens sind nur etwas herzhafter als die Röschen von vollständig ausgereiftem rohem Brokkoli.

Varietäten: Brokkolisamen, die speziell für Sprossen oder Microgreens vermarktet werden, werden selten, wenn überhaupt, nach Varietät benannt, sind aber sowohl bei der Triebkraft als auch beim Geschmack mit preisgünstigeren benannten Varietäten gleichzusetzen oder übertreffen sie sogar. Außerdem werden sie in großer Menge verkauft und kosten weniger als die benannten Varietäten.

Hinweis: Alle *Brassica*-Microgreens haben einen sehr hohen Gehalt an krebsbekämpfenden Phytonährstoffen, Brokkoli hat den höchsten.

Chicorée *(Cichorium intybus* var. *foliosum)*

Schwierig anzubauen

Kühle Jahreszeit

Keimung: Chicorée keimt in vier bis sechs Tagen bei 15,5 °C und braucht bei höheren Temperaturen mehr Zeit (nicht weniger).

Ernte: Dieses Microgreen wächst langsam und braucht mehr als drei Wochen von der Keimung bis zum Laubblattstadium. Die Ernte erfolgt im Laubblattstadium.

Geschmack: Chicorée ist sehr bitter im Keim- und weniger bitter im Laubblattstadium.

Varietäten und Farben: Chicorée wird wegen seiner dunkelgrünen Blätter mit roten Adern und roten Stielen kultiviert.

Hinweis: Verwechseln Sie den wegen seiner Blätter kultivierten Chicorée nicht mit Zichorienwurzeln *(Cichorium intybus* var. *sativa)*, die wegen ihrer Wurzeln kultiviert werden.

Chinakohl *(Brassica rapa* var. *pekinensis)*

Bezeichnung: Chinakohl wird auch Pekingkohl genannt.

Sehr einfach anzubauen

Kühle Jahreszeit

Keimung: Die unten gelisteten Varietäten keimen in ein bis zwei Tagen, die meisten anderen in zwei bis vier Tagen. Dieses Microgreen keimt leicht und kaum temperaturabhängig.

Chinakohl

Ernte: Chinakohl-Microgreens wachsen schnell und können ungeachtet der Jahreszeit innerhalb einer Woche nach der Aussaat geerntet werden. Nur Rettich- und Speiserüben-Microgreens wachsen noch schneller.

Geschmack: Der zarte Geschmack von Chinakohl-Microgreens erinnert mehr an Salat als an Kohl. Die Pflanze ist süßer im Keimblattstadium, aber auch das Laubblattstadium wird Sie nicht enttäuschen.

Varietäten und Farben: Chinakohl-Microgreens sehen mit ihrer einzigartigen gelb-grünen Farbe sehr hübsch aus; die genaue Bezeichnung dieses Farbtons ist Chartreuse. Beim warmem Wetter verlieren die Blätter etwas von ihrem Gelb und werden grüner. Um keine Enttäuschung zu riskieren, halten Sie sich angesichts der dutzenden Varietäten am besten an die unten gelisteten, da die meisten anderen eher senfige Noten haben.

- Kogane hat von den zahlreichen Chinakohl-Varietäten den angenehmsten Geschmack. Er steht ganz oben auf der Liste schnell wachsender Microgreens mit großartigem Aroma.
- Beka Santoh folgt beim Geschmack dicht auf dem zweiten Platz.

Hinweis: Die charakteristischen leuchtend gelb-grünen Chinakohl-Blätter beleben jede Microgreen-Mischung mit tiefgrünen Blättern.

Dill *(Anethum graveolens)*

Schwierig anzubauen

Kühle Jahreszeit

Keimung: Dill keimt in sieben oder mehr Tagen. Zum Keimen verlangt er Licht und Temperaturen unter 21 °C.

Sonnenlicht: Bauen Sie Dill nur an, wenn Sie ihm pralle Sonne bieten können; ansonsten wird er sehr langstielig.

Geschmack: Dill anzubauen lohnt sich trotz des Mehraufwands wegen seines köstlichen Geschmacks.

Hinweis: Die Microgreen-Samen sind identisch mit den Dillsamen, die als Gewürzkörner verwendet werden. Sie finden sie zum Beispiel in Dillgurken-Zubereitungen.

Endivie und Eskariol *(Cichorium endivia)*

Bezeichnung: Endivie und Eskariol sind so nah verwandt, dass sie dieselbe lateinische Bezeichnung haben.

Schwierig anzubauen

Kühle Jahreszeit

Aussaat: Da weder Endivie noch Eskariol sehr lange Stängel entwickeln, füllen Sie die Erde bis zum Rand, wenn Sie diese Microgreens ziehen.

Endivie

Eskariol

Keimung: Endivie und Eskariol keimen in zwei bis vier Tagen.

Sonnenlicht: Beide Microgreens wachsen gut in den kurzen Tagen mit Wintersonnenlicht ohne zusätzliche Beleuchtung. Stellen Sie sie im Sommer in direktes Sonnenlicht, aber vermeiden Sie direkte Mittagssonne. (Da Endivie und Eskariol aber beide beim Anbau in Wärme faserig werden und sauer schmecken, sollten sie am besten nur bei kühlem Wetter angebaut werden.) Beachten Sie, dass reife kommerzielle Pflanzen in ihren letzten Tagen gewöhnlich im Dunkeln gezogen werden, um ihnen etwas von ihrer Bitterkeit zu nehmen. Wenn Sie diese Microgreens im Dunkeln ziehen möchten, tun Sie dies nur in den letzten ein bis zwei Tagen vor der Ernte.

Ernte: Das Laubblattstadium ist weniger bitter als das Keimblattstadium, sieht aber weniger grazil aus. Endivie und Eskariol brauchen mehrere Wochen, um das Laubblattstadium zu erreichen.

Varietäten: Unterschiede zwischen den Varietäten sind kaum erkennbar, wenn sie als Microgreens angebaut werden, daher können Sie ruhig preisgünstiges Saatgut wählen.

- Die Endivie *(Cichorium endivia* var. *crispum)* hat gekrauste Laubblätter und ist nicht ganz so zart wie Eskariol. Außerdem wächst sie bei Wärme besser als Eskariol.
- Eskariol *(Cichorium endivia* var. *latifolium)* hat breite, flache Laubblätter und einen etwas weniger bitteren Geschmack als die Endivie. Es wächst gut bei kühlem und sogar kaltem Wetter.

Hinweis: Diese Microgreens sehen so grazil aus, dass Sie sie in 500-g-Behältern ziehen und als Gastgeschenk mitbringen können. Wundern Sie sich nur nicht, wenn Ihr Gastgeber die hübschen Pflanzen als Tischschmuck verwendet, statt sie zu ernten und zu servieren.

Gartenerbsen *(Pisum sativum)*

Bezeichnung: Gartenerbsen werden auch Speiseerbsen genannt.

Schwierig anzubauen

Kühle Jahreszeit

Einweichen: Weichen Sie die Erbsen acht Stunden ein (oder bis zu 12 Stunden, aber nur, wenn das Wasser nach sechs bis acht Stunden ausgetauscht wird).

Erbsen

Aussaat: Bedecken Sie die Erbsen mit Erde, damit die Wurzelkeime sich sicher verankern.

Keimung: Erbsen keimen in drei Tagen bei über 24 °C, in vier bis fünf Tagen bei 18 bis 24 °C und in sechs oder mehr Tagen bei unter 18 °C.

Sonnenlicht: Schützen Sie Erbsen vor direktem Sonnenlicht im Sommer. In den anderen Jahreszeiten ist ganztägig pralle Sonne am besten, aber auch eine Mischung aus Sonne und Schatten bringt gute Ergebnisse.

Ernte: Je nach Menge und Fruchtbarkeit der Erde können die Greens bis zu drei achtbare Ernten bringen. Erwarten Sie schnelles Wachstum vor dem ersten Schnitt, ein etwas langsameres Wachstum vor dem zweiten Schnitt und ein noch langsameres vor dem dritten. Durch Kühlstellen werden die Stängel faserig, versuchen Sie also nicht, mehr zu ernten, als Sie auf einmal verbrauchen können. Falls Erbensprossen doch kühlgestellt werden, sollten sie besser gekocht werden.

Geschmack: Bei kühlen Temperaturen gezogen sind Erbsen-Greens sowohl süß als auch saftig; bei Wärme gezogen fehlt es ihnen an Süße; bei Kälte gezogen fehlt es ihnen an Saftigkeit.

Varietäten und Farben:

- Zu den Sorten der Zuckerschote *(Pisum sativum* var. *macrocarpon)* gehören Knackerbse, Zuckerknackerbse und Kaiserschote.
- Zu den Sorten der Zuckererbse *(Pisum sativum* var. *sativum)* gehören graue Zwerg-Zuckererbse (mit grauen Samen) und Zwerg-Zuckererbse. Bei beiden haben die Blätter einen rötlichen Einschlag und die Sprossen eine rötliche Tönung.

Hinweis: In Kapitel 8 finden Sie detaillierte Anleitungen zum Ziehen von Erbsen-Greens. (Erbsen-Greens zu ziehen ist ungefähr das Gleiche wie Sonnenblumen-Microgreens anzubauen.)

Gartenkresse *(Lepidium sativum)*

Bezeichnung: Kresse wird auch Pfefferkraut genannt.

Schwierig anzubauen

Kühle Jahreszeit

Aussaat: Säen Sie Kresse nur in kleinen Chargen aus, weil sie sich nicht gut lagern lässt und sie einen so intensiven Geschmack hat, dass weniger mehr ist.

Keimung: Kresse keimt in ein bis zwei Tagen.

Ernte: Es sind mehrere Schnitte möglich, wenn Kresse erstmals nach dem Laubblattstadium geerntet wird.

Geschmack: Der würzig-scharfe Pfeffergeschmack von Kresse ist im Laubblattstadium etwas milder, aber immer noch recht pikant. Verwenden Sie Kresse als Gewürz, so wie Sie gemahlenen Pfeffer verwenden würden.

Kresse

Varietäten: Alle Kressevarietäten sind für Microgreens geeignet. Persische Kresse *(Lepidium sativum)* ist am mildesten, Pfefferkresse *(Lepidium bonariense)* am schärfsten.

Hinweis:

- Verwechseln Sie Gartenkresse nicht mit Brunnenkresse oder Winterkresse.
- Gartenkresse wurde in England schon jahrzehntelang als Microgreen gezogen und gegessen, bevor das Wort »Microgreen« überhaupt erfunden wurde.
- Kresse ist ein sehr ungewöhnliches Mitglied der Gattung *Brassica:* Die Samen sind schleimbildend, die Blätter sind einzigartig geformt, die Stängel halten mehreren Schnitten stand und sie erfüllt den Raum mit ihrem Duft.

Gartenmelde *(Atriplex hortensis)*

Bezeichnung: Die Gartenmelde wird auch Orache oder Spanischer Spinat genannt.

Sehr schwierig anzubauen

Kühle Jahreszeit

Einweichen: Weichen Sie die Gartenmelde 8 bis 12 Stunden ein.

Keimung: Eingeweichte Samen keimen in sieben Tagen; die Keimung braucht länger, wenn die Samen nicht eingeweicht werden.

Sonnenlicht: Direktes Sonnenlicht bringt die volle violette oder magentafarbene Tönung dieser Microgreens zur Geltung.

Geschmack: Die Gartenmelde verlangt kühle Temperaturen; ansonsten wird sie sehr bitter.

Varietäten und Farben: Die Samen der violetten oder magentafarbenen Gartenmelde sind verbreitet erhältlich. Ziehen Sie dieses Microgreen wegen der Farbe und mischen Sie es mit kontrastierenden grünen Microgreens.

Gartensalat *(Lactuca sativa)*

Schwierig anzubauen

Kühle Jahreszeit

Aussaat: Gartensalat entwickelt flache Wurzeln, braucht also nicht in tiefe Erde gepflanzt zu werden.

Keimung: Gartensalat keimt in zwei bis fünf Tagen, auch wenn Saatgutanbieter oft sieben bis zehn Tage angeben. Er keimt mit der höchsten Rate, wenn er Licht und Temperaturen unter 21 °C ausgesetzt wird. Er keimt nicht bei Temperaturen über 27 °C.

Sonnenlicht: Vermeiden Sie direkte Mittagssonne, es sei denn, die Greens werden dauerhaft hydratisiert. Ansonsten wachsen die meisten Varietäten sowohl in der Sonne als auch im Schatten gut.

Geschmack: Die meisten Salate werden bitter, wenn sie in der warmen Jahreszeit gezogen werden, daher lässt sich Salat am besten in der kühlen Jahreszeit anbauen.

Varietäten und Farben: Von den fünf großen Gruppen der Salate sind Römersalat (auch: Romana-Salat) und Blattsalat (auch: Pflücksalat, Eichblattsalat) am besten für Microgreens geeignet. Römersalat verträgt Wärme und wächst in die Höhe. Blattsalat wächst schnell und in die Breite. Nachfolgend einige Beispiele für Sorten, deren Samen preiswerter sind.

Römersalate *(Lactuca sativa var. Longifolia):*

- Outredgeous-Römersalat ist von allen roten Römersalaten am rotesten.
- Parris Island-Römersalat wächst schnell, aber schimmelt leicht.

Grüner Römersalat

Roter Römersalat

Eichblattsalat

Black-Seeded Simpson-Schnittsalat

Blattsalate *(Lactuca sativa var. Crispa):*

- Black-Seeded Simpson-Schnittsalat ist die beliebteste Blattsalatvarietät, teilweise weil er Wärme sehr gut verträgt.
- Red Salad Bowl-Eichblattsalat schmeckt exzellent, besonders im Laubblattstadium. Seine schönen mehrfarbigen roten oder violetten Blätter brauchen kühle Temperaturen und pralle Sonne, um ihre Farbe voll zur Geltung zu bringen.

Hinweis: Salat-Microgreens sind sehr empfindlich und können durch falsche Handhabung schnell beschädigt werden, so dass sie auf dem Markt selten anzutreffen sind. Daher sind selbst angebaute Microgreens ein besonderer Leckerbissen.

Gewürzfenchel *(Foeniculum vulgare var. dulce)*

Bezeichnung: Gewürzfenchel wird auch Süßfenchel genannt.

Schwierig anzubauen, aber einfach im Vergleich zu anderen Kräutern der Familie der Doldenblütler.

Kühle Jahreszeit

Einweichen: Weichen Sie Fenchelsamen acht bis 12 Stunden ein, um die Schalen weicher zu machen.

Aussaat: Bedecken Sie Fenchelsamen mit Erde, was sowohl die Keimung beschleunigt als auch die Schalen weicher macht, so dass die Blätter sie einfacher abwerfen können.

Keimung: Fenchel keimt in einer Woche, auch wenn Saatgutanbieter eine bis zwei Wochen angeben.

Fenchel

Ernte: Ernten Sie Fenchel drei Wochen nach der Aussaat, wenn das Microgreen sich noch im Keimblattstadium befindet und an den meisten Blättern noch die Schalen haften. Die Schalen sind recht schmackhaft und weich genug für den Verzehr zusammen mit den Blättern. Die federartigen Laubblätter sind sehr hübsch, aber nicht schmackhafter als im Keimblattstadium.

Hinweis: Gewürzfenchel wird wegen seiner köstlichen Blätter und Samen kultiviert. Verwechseln Sie ihn nicht mit Knollenfenchel *(Foeniculum vulgare* var. *azoricum)*, der wegen seiner ausgeprägten Knollen kultiviert wird.

Grünkohl *(Brassica oleracea* var. *sabellica)*

Schwierig anzubauen im Vergleich zu anderen Kohlarten der Gattung *Brassica*

Kühle Jahreszeit, verträgt aber etwas Wärme.

Keimung: Grünkohl keimt in drei bis vier Tagen.

Geschmack: Grünkohl-Microgreens schmecken ziemlich genau wie reifer Grünkohl, wenn er roh gegessen wird. Kühle Temperaturen verstärken die Süße.

Varietäten und Farben: Palmkohl *(Brassica oleracea* var. *palmifolia),* auch Italienischer Kohl genannt, hat dunkelgrüne, fast blaue Blätter. Seine Samen sind am preisgünstigsten, und er wächst schneller als alle anderen Grünkohl-Varietäten.

Hirse *(Panicum miliaceum)*

Hirse

Einfach anzubauen

Warme Jahreszeit

Einweichen: Weichen Sie Hirse acht bis 12 Stunden ein. Wegen der sehr harten Hülse ist dies notwendig.

Aussaat: Bauen Sie sie in 500-g-Behältern an.

Hinweis:

- Hirse-Microgreens werden nicht für den menschlichen Verzehr gezogen, sondern als Leckerei für Sittiche und Hamster, die Hirse in allen Formen lieben. Schneiden Sie die Greens nicht ab, sondern stellen Sie den Behälter einfach auf den Käfig- oder Gehegeboden.
- Als eine der vielen Hirsearten ist Rispenhirse *(Panicum miliaceum),* auch Echte Hirse genannt, das bevorzugte Hirse-Microgreen für Vögel. Verwenden Sie keine Italienische Hirse *(Setaria italica,* auch: Kolbenhirse) oder Perlhirse *(Pennisetum glaucum,* auch: Rohrkolbenhirse). Diese Arten haben eine schlechte Keimungsrate, und ihr Gras ist kurz und verkümmert im Vergleich zu Gras, das aus Rispenhirse gezogen wird.

- Die Sittich-Samen, die Sie bisher an Ihren Sittich verfüttert haben, sind ungeschälte Hirse, die mit hoher Rate keimen dürfte, probieren Sie also einmal aus, sie anzubauen. Hirse für den menschlichen Verzehr ist geschält und keimt mit geringer Triebkraft und geringer Rate, wenn überhaupt.

Kerbel *(Anthriscus cerefolium)*

Kerbel

Bezeichnung: Kerbel wird auch Gartenkerbel genannt.

Schwierig zum Keimen zu bringen und anzubauen

Kühle Jahreszeit

Keimung: Kerbel keimt in zehn bis 12 Tagen. Zum Keimen braucht er Licht und Kälte und bevorzugt Temperaturen zwischen 13 und 15,5 °C.

Sonnenlicht: Kerbel gedeiht unter direktem Sonnenlicht, so lange es nicht zu heiß ist; falls doch, sorgen Sie für etwas Schatten. Sonnenlicht fördert das Wachstum, das die Blätter brauchen, um die langen schwarzen Schalen abzuwerfen, die ansonsten an ihnen haften bleiben.

Ernte: Ziehen Sie die Greens bis zum Laubblattstadium, bis die Blätter die meisten Schalen abgeworfen haben. Die Schalen sind zwar weich und essbar, aber ohne die Schalen ist die Konsistenz von Kerbel angenehmer.

Geschmack: Ähnlich wie Fenchel, schmeckt Kerbel so gut wie der Name sich anhört.

Klee *(Trifolium)*

Einfach anzubauen

Kühle Jahreszeit

Keimung: Klee keimt in ein bis zwei Tagen und kann auch bei einer Temperatur von nur 4,5 °C keimen, was aber ein bis drei Wochen dauern kann.

Sonnenlicht: Schützen Sie Klee vor direkter sommerlicher Mittagssonne.

Varietäten und Farben:

- Inkarnatklee *(Trifolium incarnatum)* wird auch Italienischer Klee genannt. Seine Blüten sind purpurrot.
- Rotklee *(Trifolium pratense)* wird auch Wiesenklee genannt. Seine Blüten können rot oder violett sein.

Hinweis: Sowohl Klee als auch sein naher Verwandter Alfalfa sind Futterpflanzen für Nutztiere. Da Klee eine längere Geschichte als pflanzliches Lebensmittel für Menschen hat, möchten Sie ihn vielleicht lieber anbauen als Alfalfa. Allerdings sind Alfalfasamen leichter erhältlich, vor allem in Naturkostläden.

Knoblauch-Schnittlauch *(siehe Zwiebeln, Seite 178 f.)*

Kohlrabi *(Brassica oleracea* var. *gongylodes)*

Schwierig anzubauen im Vergleich zu anderen Kohlarten der Gattung *Brassica*

Kühle Jahreszeit

Keimung: Kohlrabi keimt in vier Tagen bei Temperaturen über 24 °C. Er kann sogar bei nur 10 °C keimen, was dann aber drei Wochen dauern kann.

Geschmack: Kohlrabi hat bei warmen Temperaturen gezogen einen milden Geschmack und schmeckt in der kühlen Jahreszeit gezogen mehr wie Rettich. Der Geschmack ist im Laubblattstadium besser.

Varietäten und Farben: Violetter Kohlrabi hat tiefgrüne Blätter mit einem Magentastich und violette oder magentafarbene Stiele. Er sieht ähnlich aus wie Rotkohl-Microgreens.

Kopfkohl *(Brassica oleracea* var. *capitata)*

Schwierig anzubauen im Vergleich zu anderen Kohlarten der Gattung *Brassica*

Kühle Jahreszeit, verträgt aber auch Wärme.

Keimung: Kopfkohl keimt in drei bis vier Tagen und verlangt Temperaturen von über 24 °C für eine hohe Keimungsrate.

Kopfkohl

Varietäten und Farben: Die drei Kopfkohl-Hauptgruppen sind Rotkohl, Weißkohl und Wirsing *(Brassica oleracea* var. *sabauda).* Wirsingsamen sind teurer als Weißkohlsamen, aber da die Microgreens sich kaum unterscheiden, können Sie Wirsing getrost außen vor lassen.

- Weißkohl *(Brassica oleracea* var. *capitata* f. *alba)* hat bei voller Reife weiß blanchierte Blätter, weil die äußeren Blätter das Sonnenlicht

Rotkohl

abhalten; wenn diese Sorte als Microgreen gezogen wird, erhalten alle Blätter Licht und werden grün. Dieses Microgreen ist vielleicht nur etwas für Rohkostfans.

- Rotkohl *(Brassica oleracea* var. *capitata* f. *rubra)* hat tiefrote Blätter und rote Stiele oder grüne Blätter mit roten Adern, roten Rändern und roten Stielen. Er schmeckt nicht gut, und es sind keine besonderen Varietäten empfehlenswert.

Hinweis: Anders als Rotkohl erfüllt Weißkohl beim Wachsen den Raum mit einem milden Kohlgeruch, der nicht gerade als angenehm bezeichnet werden kann.

Koriander *(Coriandrum sativum)*

Bezeichnung: Es gibt unterschiedliche Bezeichnungen für unterschiedliche Teile der Korianderpflanze, die auch noch ortsbedingt verschieden sind. Die als Gewürz gemahlenen Samen werden Koriander genannt. In Großbritannien, Spanien und auf der westlichen Halbkugel sind die Blätter unter ihrer spanischen Bezeichnung Cilantro bekannt und werden wie ein Kraut verzehrt. Wieder anderswo werden die Blätter Chinesische Petersilie genannt.

Schwierig anzubauen

Warme Jahreszeit

Einweichen: Weichen Sie die Samen acht bis 24 Stunden ein, um die harte Schale aufzuweichen und die Keimung um zwei Tage zu verkürzen.

Koriander

Aussaat: Bedecken Sie die Samen leicht mit Erde, um für Dunkelheit zu sorgen und die harten Schalen weiter aufzuweichen, damit die Blätter es leichter haben, sie abzustoßen.

Keimung: Eingeweicht und mit Erde bedeckt keimen Koriandersamen in fünf bis sechs Tagen, ansonsten in sieben bis acht Tagen. Lassen Sie sie im Dunkeln und bei Temperaturen unter 21 °C keimen.

Sonnenlicht: Setzen Sie Koriander in der ersten Woche nach der Keimung keinem direkten Sonnenlicht aus, ansonsten bekommen die Blätter einen Sonnenbrand. Direktes Sonnenlicht ist in der zweiten Woche empfehlenswert, aber selbst dann können immer noch Schalen an den Blättern haften.

Ernte: Die charakteristischen Blätter von Koriander brauchen fast bis zur dritten Woche, um sich vollständig zu entwickeln; nur seiner Schönheit wegen werden Sie sich vielleicht überlegen, dieses Microgreen bis zum Laubblattstadium zu ziehen.

Geschmack: Koriander ist im Keimblattstadium aromatischer, schmeckt aber auch gut im Laubblattstadium, obwohl er dann manchmal leicht bitter ist. Einige Menschen finden schon den Duft von Koriander widerlich, andere großartig.

Lein *(Linum usitatissimum)*

Bezeichnung: Lein wird auch Saat-Lein oder Flachs genannt.

Einfach anzubauen

Warme Jahreszeit

Aussaat: Leinsamen sind schleimbildend.

Keimung: Leinsamen keimen in drei Tagen. Braune Bio-Leinsamen frisch aus dem Naturkostladen keimen mit einer hohen Rate.

Ernte: Ernten Sie Lein im Keimblattstadium, dann ist der Geschmack besser als im Laubblattstadium.

Varietäten und Farben: Die Bezeichnungen der beiden vorherrschenden Varietäten, Brauner Lein und Gelber Lein, spiegeln die Farbe der Samen wider. Brauner Lein keimt mit einer höheren Rate, wächst schneller und schmeckt besser als Gelber Lein; das Saatgut der Wahl sind also die braunen Leinsamen.

Hinweis: Leinsamen und Chiasamen haben dieselben kulinarischen Qualitäten, aber Lein-Microgreens sind wesentlich schmackhafter als Chia-Microgreens.

Majoran *(Origanum majorana)*

Schwierig anzubauen

Warme Jahreszeit

Aussaat: Füllen Sie die Erde bis zum Rand, da die Stängel von Majoran kurz sind und er niedrig wächst.

Keimung: Majoran keimt in vier bis sechs Tagen. Licht fördert die Keimung. Halten Sie die Erde relativ trocken, ansonsten können die winzigen Samen leicht faulen.

Majoran

Ernte: Im Keimblattstadium schmeckt Majoran wie Minze. Im Laubblattstadium verbreitet er beim Abschneiden ein verlockendes Aroma. Diese Pflanze ergibt genau wie Basilikum eine ansehnliche zweite Erntewelle.

Geschmack: Da sein Geschmack so minzig ist, können Sie Majoran anbauen, wenn Sie gerne Minze mögen.

Hinweis: Obwohl Majoran eher langsam und zimperlich wächst, ist er es wert, angebaut zu werden, auch wenn dafür zusätzliche Zeit und besondere Sorgfalt vonnöten sind.

Mangold *(siehe Rüben, Seite 164 ff.)*

Möhren *(Daucus carota* var. *sativus)*

Sehr schwierig anzubauen

Warme Jahreszeit

Aussaat: Möhrensamen und -keimlinge sind winzig; die Pflanze wächst am besten in lockerer, körniger Erde und schlägt keine Wurzeln, wenn die Erde krustig ist.

Möhren

Keimung: Möhren keimen in einer Woche, wenn die Temperatur über 24 °C liegt; bei kühleren Temperaturen braucht die Keimung länger.

Ernte: Ohne benannte Varietät kann Saatgut speziell für Möhren-Microgreens sehr langsam wachsen. Aus reiner Ungeduld werden Sie wahrscheinlich ungeachtet des Blattstadiums nach vier Wochen ernten wollen.

Mungobohnen *(Vigna radiata)*

Bezeichnung: Mungobohnen werden auch Jerusalembohnen genannt.

Sehr einfach anzubauen

Warme Jahreszeit

Einweichen: Weichen Sie Mungobohnen acht bis 12 Stunden ein, um die Keimzeit zu verkürzen.

Aussaat: Mungobohnen können wie Sonnenblumen oder Erbsen abgedeckt und beschwert werden (siehe Kapitel 8). Das soll nicht bewirken, dass die Keimwurzeln anwachsen, sondern es soll dicke, saftige Stängel fördern. Lassen Sie die Abdeckung und das Gewicht nach der Keimung noch zwei Tage liegen, nehmen Sie dann beides ab und stellen Sie die Keimlinge ins Licht.

Keimung: Mungobohnen keimen in zwei Tagen.

Ernte: Wie bei Bockshornklee (siehe Seite 137 f.).

Hinweis:

- Halten Sie beim Kauf von Mungobohnen in Naturkostläden nach faltenfreien Bohnen Ausschau. Alte und trockene Bohnen führen zu einer geringeren Keimung.
- Einige Menschen finden Mungobohnen-Microgreens appetitlicher, wenn sie im Dunkeln gezogen werden. Manche professionellen Erzeuger verkaufen solche Microgreens; sie sind weiß blanchiert und tragen die Bezeichnung »Golden«.
- Mungobohnen werden gerne als Sprossen gezogen. Die Microgreens haben gerade, aufrechte Stängel, die ansprechender aussehen als die unordentlichen Sprossen. Wenn Sie einmal Mungobohnen als Microgreens angebaut haben, werden Sie wahrscheinlich keine Sprossen mehr ziehen wollen.
- Es gibt dutzende Bohnen, zum Beispiel Kichererbsen, Gartenbohnen, Linsen und Sojabohnen, die wie Mungobohnen als Microgreens gezogen werden können. Dicke Bohnen und Limabohnen sollten jedoch als Microgreens vermieden werden, weil sie kurz nach der Keimung ein Toxin bilden können. Toxine in anderen Hülsenfrüchten wiederum werden durch die Keimung neutralisiert.

Pak Choi *(Brassica rapa* var. *chinensis)*

Bezeichnung: Pak Choi wird auch Chinesischer Blätterkohl genannt.

Sehr einfach anzubauen

Kühle Jahreszeit, verträgt aber auch Wärme sehr gut.

Keimung: Pak Choi keimt gewöhnlich in zwei Tagen, kann aber bei sehr kühlen oder sehr warmen Temperaturen in drei Tagen

Da Cheong Chae Pak Choi

Rosetten-Pak-Choi (Tatsoi)

Roter Pak Choi

keimen. Die höchsten Keimungsraten gibt es bei Temperaturen über 24 °C.

Sonnenlicht: Dieses Microgreen gedeiht in praller Sonne, wächst aber fast genauso gut halb in der Sonne und halb im Schatten.

Geschmack: Reifer Pak Choi wird traditionell gegart verzehrt, daher könnten Sie den Geschmack der rohen Microgreens ungewohnt und herausfordernd finden. Nehmen Sie die Herausforderung an!

Varietäten und Farben: Von dutzenden Varietäten wachsen folgende am schnellsten und haben sicher den besseren Geschmack (würzig im Keim- und milder im Laubblattstadium):

- Black Summer Pak Choi *(Brassica rapa* var. *chinensis* »Black Summer«) hat dunkelgrüne (nicht schwarze) Blätter. Wie der Name schon andeutet, kommt dieses Microgreen anders als die meisten Pak Chois auch mit heißen Jahreszeiten zurecht. Zwar verbessert Sommerhitze die Wachstumsrate nicht, sie hemmt sie aber auch nicht; vermeiden Sie es aber, dieses Microgreen der sommerlichen Mittagssonne auszusetzen, da die Blätter einen Sonnenbrand bekommen können.

- Da Cheong Chae Pak Choi *(Brassica rapa* var. *chinensis* »Da Cheong Chae«) hat löffelförmige Laubblätter, die denen von Rosetten-Pak-Choi (Tatsoi) ähneln, und wächst zu einer angenehm gleichmäßigen Höhe heran. Der Geschmack ist unter den vielen Pak Chois wahrscheinlich der beste. Unbehandelte Samen sind Mangelware.
- Kinkoh Pak Choi *(Brassica rapa* var. *chinensis* »Kinkoh«) hat leuchtend gelb-grüne Blätter. Er schmeckt am mildesten und daher vielleicht am besten von allen Pak Chois.
- Roter Pak Choi *(Brassica rapa* var. *chinensis* »Red Choi«) hat grüne Blätter mit rotem Rand, welcher bei Kälte dunkler wird und sich weiter über das Blatt ausbreitet.
- Rosetten-Pak-Choi *(Brassica chinensis* var. *rosularis* oder *Brassica rapa* var. *narinosa)* ist der kleinste Pak Choi und wird meist Tatsoi genannt (für einige ist er eine eigene Pflanzenart, daher der besondere Name). Anders als andere Pak Chois verträgt dieser keine Wärme. Außerdem schmeckt er anders als alle anderen Pak Chois.

Hinweis: Pak Choi verdient in jedem selbst angebauten Microgreen-Garten eine Hauptrolle. Er wächst schnell, ist sehr einfach anzubauen und sehr nahrhaft.

Portulak *(Portulaca oleracea* var. *sativa)*

Bezeichnung: Portulak wird auch Gemüse-Portulak genannt und ist eng mit einer essbaren Portulak-Wildpflanze verwandt.

Einfach anzubauen

Warme Jahreszeit

Keimung: Portulak keimt in sechs bis sieben Tagen unter Licht und bei Temperaturen über 21 °C. Ansonsten braucht er zwei Wochen zum Keimen.

Varietäten und Farben: Roter oder goldener Portulak hat grüne oder gelbe Blätter mit rosafarbenen oder roten Stängeln.

Hinweis: Das blattreiche Kraut war im 19. Jahrhundert bliebt und verdient wegen seines einzigartigen, pikanten Geschmacks neues Interesse als Microgreen.

Rettich *(Raphanus sativus)*

Rettich

Sehr einfach anzubauen

Kühle Jahreszeit

Keimung: Rettich keimt und wächst von allen Samen am einfachsten und schnellsten. Er keimt in nur einem Tag (nur Speiserüben keimen genauso schnell), auch wenn einige Varietäten zwei Tage brauchen. Die Samen können sogar bei nur 7 °C keimen, was dann aber drei bis vier Wochen dauern kann.

Sonnenlicht: Die Blätter brauchen direktes Sonnenlicht, um die Schalen vollständig abzuwerfen; die Schalen sind jedoch weich genug für den Verzehr, machen Sie sich daher nicht allzu viele Gedanken wegen der Sonneneinstrahlung oder der Schalen.

Ernte: Rettich kann ungeachtet der Anbaubedingungen innerhalb von fünf Tagen nach der Aussaat erntereif sein. Ernten Sie im Keimblattstadium, da die Stängel im Laubblattstadium faserig werden.

Geschmack: Dieses Microgreen schmeckt ähnlich wie Rettichwurzel, ist aber nicht ganz so würzig-scharf.

Varietäten und Farben:

- China Rose-Rettich hat grüne Blätter und violette oder rosafarbene Stängel.
- Winterrettich *(Raphanus sativus* var. *longipinnatus)* hat grüne Blätter und weiße Stängel, ist der mildeste Rettich und enthält mehr Vitamin C als jedes andere Microgreen.
- Hong Vit-Rettich hat dunkelgrüne Blätter und rosafarbene oder violette Stängel.
- Radieschen haben violett-grüne Blätter.

Hinweis: Rettich wächst bei warmem und kühlem Wetter, aber bei kühlen Temperaturen nehmen die Stängel ein tieferes Rot an.

Rucola *(Eruca vesicaria* var. *sativa)*

Bezeichnung: Auf der westlichen Halbkugel ist diese Salatpflanze unter ihrer italienischen Bezeichnung *Rucola* bekannt. Der englische Name ist Rocket, eine Verballhornung der französischen Bezeichnung *Roquette.*

Einfach anzubauen

Kühle Jahreszeit

Aussaat: Weichen Sie dieses schleimbildende Saatgut nicht ein und decken Sie es nicht ab.

Keimung: Kommt gut mit niedrigen Temperaturen zurecht.

Sonnenlicht: Rucola gedeiht in indirektem Sonnenlicht und bekommt Sonnenbrand in direkter Mittagssonne, besonders im Sommer.

Ernte: Da Rucola im Keimblattstadium bitter ist, ist es besser, ihn bis zum Laubblattstadium zu ziehen, obwohl die Blätter eine Weile bis zur Reifung brauchen können. Die schleimbildenden Schalen neigen dazu, an den Blättern zu haften.

Geschmack: Herb, ähnlich wie sein enger Verwandter Rettich.

Rüben und Mangold *(Beta vulgaris)*

Rüben

Bezeichnung: Rüben und Mangold sind so eng verwandt, dass sie dieselbe lateinische Bezeichnung haben.

Sehr schwierig zum Keimen zu bringen, aber einfach anzubauen

Kühle Jahreszeit

Einweichen: Jeder Rüben- oder Mangoldsamen ist genauer gesagt eine Hülse, und in jeder Hülse befinden sich sechs Samen. Da die Hülsen eine Substanz enthalten, die die Keimung hemmt, müssen sie eingeweicht werden. Schon nach zwei Stunden Einweichen löst sich der Hemmstoff auf; nach acht bis 24 Stunden Einweichen wird auch die harte, panzerartige Hülse weicher, was die Keimung um zwei Tage beschleunigt.

Aussaat: Bedecken Sie die eingeweichten Hülsen leicht mit Erde (das beschleunigt die Keimung noch weiter). Halten Sie die Erde eher trocken, ansonsten dringen die Wurzeln nicht hindurch.

Mangold

Keimung: Eingeweicht und mit Erde bedeckt keimen die Hülsen in vier Tagen (statt in sechs bis sieben Tagen, wenn sie nicht eingeweicht oder bedeckt wurden).

Geschmack: Bei einem Anbau von zehn bis 14 Tagen schmecken Rüben und Mangold wie reifer roher Spinat, was nicht verwunderlich ist, da alle drei Mitglieder derselben Familie sind. Rüben haben einen stärkeren Geschmack als Mangold; die Microgreens werden nicht jedem gefallen. Probieren Sie sie mehr wegen ihrer Farbe als wegen ihres Geschmacks aus.

Varietäten und Farben von Rüben:

- Rote Rüben *(Beta vulgaris* var. *crassa)* haben burgunderrote Blätter und rote Stiele und vertragen sowohl Hitze als auch Kälte.
- Ruby Queen, Red Ace und Early Wonder *(Beta vulgaris* var. *vulgaris)* haben grüne Blätter mit roten Adern. Manchmal sind die Blätter rötlich getönt und die Stiele rot.
- Runkelrüben *(Beta vulgaris* var. *vulgaris)* haben grüne Blätter mit gelben Adern und gelben Stielen.

Varietäten und Farben von Mangold:

- Rainbow oder Bright Lights *(Beta vulgaris* var. *tricolor)* sind Sorten mit grünen Blättern und roten, gelben und rosafarbenen Stielen. Sie haben einen milderen Geschmack als roter Mangold.
- Goldener, rubinroter und gelber Mangold *(Beta vulgaris)* haben grüne Blätter und rote oder gelbe Stiele.

- Orangener, roter oder gelber Schweizer Mangold *(Beta vulgaris* var. *cicla)* haben grüne Blätter mit Rot- oder Gelbtönen und roten oder gelben Stielen.

Rübsen *(Brassica rapa)*

Sehr einfach anzubauen

Kühle Jahreszeit, aber verträgt meist auch die warme und heiße Jahreszeit.

Grüner Mizuna

Keimung: Die meisten Rübsen-Arten keimen in zwei Tagen, auch wenn Saatgutanbieter sieben bis zehn Tage angeben.

Geschmack: Die meisten Rübsen-Arten haben einen sehr milden, senfartigen Nachgeschmack, manche schmecken neutral oder fad. Sie sind mehr wegen ihrer Nährstoffe als wegen ihres Geschmacks bekannt.

Violetter Mizuna

Varietäten und Farben:

- Japanischer Senfkohl *(Brassica rapa* var. *japonica)* ist eine Kreuzung aus Mizuna und Kyona.
- Grüner oder violetter Mizuna *(Brassica rapa* var. *nipposinica)* hat grüne Blätter oder grüne Blätter mit violetten Adern. Dieses Microgreen hat eine ansehnliche zweite Erntewelle.

- Hon Tsai Tai *(Brassica rapa* var. *chinensis)* hat grüne Blätter und violette Stiele und schmeckt wie Rettich.
- Roter oder grüner Komatsuna *(Brassica rapa* var. *perviridis)*, auch bekannt als Japanischer Senfspinat, keimt nach nur einem Tag in der heißen Jahreszeit und nach zwei Tagen in der warmen Jahreszeit. Er hat dunkelviolette Blätter mit grüner Unterseite oder grüne Blätter und fühlt sich sogar in Sommerhitze wohl; er ist eine wahre Ganzjahrespflanze. Der milde Senfgeschmack im Keimblattstadium intensiviert sich manchmal im Laubblattstadium; ansonsten bleibt dieses Green mild.
- Yukina-Wirsing *(Brassica rapa* var. *rosularis)* ähnelt in Aussehen und Wachstum Chinakohl, schmeckt aber wie Pak Choi. Dieses Microgreen verträgt Hitze.

Komatsuna

Yukina-Wirsing

Hinweis: Als japanische Senfpflanze gehört Mizuna zwei separaten Arten an, *juncea* und *rapa*. (Für Mizuna der Art *juncea* siehe Senfpflanzen, Seite 168 f.)

Sauerampfer *(Rumex acetosa)*

Schwierig anzubauen

Kühle Jahreszeit

Sauerampfer

Keimung: Sauerampfer keimt in vier bis fünf Tagen bei Temperaturen unter 18 °C und in fünf bis sechs Tagen bei höheren Temperaturen.

Ernte: Die Süße des Keimblattstadiums schwächt sich bis zur dritten Woche ab, ernten Sie daher früh.

Geschmack: Der hübsche, köstliche, aber wenig bekannte Sauerampfer wird enorm unterschätzt. Sein Geschmack kombiniert zitronige Säure mit zuckriger Süße, ganz ähnlich wie Limonade. Das einzigartige Aroma kommt sogar durch, wenn Sauerampfer mit Microgreens vermischt wird, die bitter oder fad schmecken.

Varietäten und Farben: Hain-Ampfer *(Rumex sanguineus)* hat grüne Blätter mit roten Adern; nur einige Blätter haben eine subtile Rottönung.

Schnittlauch *(siehe Zwiebeln, Seite 178 f.)*

Senfpflanzen *(Brassica juncea* var. *rugosa)*

Sehr einfach anzubauen

Kühle Jahreszeit

Bezeichnung: Die Sorte *rugosa* der Senfpflanzen wird auch Breitblättriger Senf oder Grüner Senfkohl genannt.

Keimung: Senfpflanzen keimen in zwei bis drei Tagen, auch wenn Saatgutanbieter sieben bis zehn Tage angeben.

Red Giant-Senf

Geschmack: Senfpflanzen haben einen pikant-scharfen Geschmack im Keimblattstadium und sind im Laubblattstadium etwas milder.

Varietäten und Farben:

- Garnet-, Purple Osaka-, Red Giant- oder Roter Senf hat grüne Blätter mit rötlich-violetten Adern, tiefgrüne und tiefrote Blätter mit violettem Einschlag oder rötlich-violette Blätter mit rötlich-violettem Einschlag. Damit die Farben sich über Grün hinaus vertiefen, ist kühles Wetter notwendig.
- Mizuna, eine japanische Senfpflanze, gehört den zwei Arten *juncea* und *rapa* an (für Mizuna der Art *rapa* siehe Rübsen, Seite 166 f.).

Purple Osaka-Senf

Hinweis: Senfpflanzen sind das ganze Jahr über sehr einfach anzubauen, was dieses Microgreen zur exzellenten Wahl für Anfänger macht.

Senfsamen *(Brassica juncea* var. *juncea)*

Einige Senfpflanzen werden wegen ihrer Samen kultiviert (die zur Herstellung des Würzmittels Senf verwendet werden), und diese Samen lassen sich auch zum Ziehen von Microgreens verwenden.

Sehr einfach anzubauen

Kühle Jahreszeit

Keimung: Bio-Samen aus der Gewürzabteilung von Naturkostläden haben verlässlich sehr hohe Keimungsraten.

Ernte: Diese Microgreens wachsen schnell und können fast ungeachtet der Bedingungen und der Jahreszeit in einer Woche geerntet werden. Ernten Sie nur die Blätter, nicht die Stängel, wo viel Wärme gespeichert wird.

Varietäten und Farben:

- Schwarze Senfsamen *(Brassica nigra)* sind vom Markt verschwunden und wurden durch braune Samen ersetzt, weil sie mechanisch geerntet werden können, während die schwarzen Samen per Hand geerntet werden müssen. Die wissenschaftliche Bezeichnung wird manchmal irrtümlich für braunen Senf verwendet.
- Braune Senfsamen *(Brassica juncea)*, auch Indische Senfsamen genannt, haben eine braune oder rötlich-braune äußere Schale. Innen sind sie senfgelb. Bei den Microgreens haben die Laubblätter einiger Varietäten einen violetten Rand, die Stängel sind haarlos. Der Geschmack ist würzig-scharf und sehr senfig.
- Weiße Senfsamen *(Brassica alba, Brassica hirta* oder *Sinapis alba)* sind blassgelb oder gelb-beige und größer als die meisten *Bras-*

sica-Samen. Bei den Microgreens sind die Blätter im Laubblattstadium größer als die meisten *Brassica*-Blätter und mehr wie Rettichblätter. Die Stängel sind haarig. Der Geschmack ist würzig-scharf, aber *nicht* senfig, weshalb diese Microgreens für die meisten nicht besonders attraktiv sein dürften.

Hinweis: Servieren Sie Senf-Microgreens nicht als Beilage, sondern sparsam als Garnitur, so wie Sie auch Senf als Würzmittel reichen würden, der durch diese Microgreens ersetzt werden kann. Probieren Sie einmal, die Microgreens zu trocknen, um sie langfristig zu lagern; wenn Sie sie dann verwenden möchten, mahlen Sie die getrockneten Greens und streuen Sie sie auf Gerichte, wie Sie es auch mit gemahlenem Pfeffer tun würden.

Sesam *(Sesamum indicum* oder *Sesamum orientale)*

Sehr einfach anzubauen

Warme Jahreszeit

Keimung: Sesam keimt nach einem Tag. Bio-Saatgut frisch aus dem Naturkostladen keimt mit einer hohen Rate. Kaufen Sie in jedem Fall ungeschälte Sesamsamen (beige und kreideweiß), keine geschälten Sesamsamen (weiß und ölig), da letztere nicht keimen.

Sesam

Ernte: Ernten sie im fortgeschrittenen Keimblattstadium (sieben bis zehn Tage), wenn gerade die Laubblätter auszutreten beginnen, weil Sesam im frühen Keimblattstadium bitter ist und im späteren

Laubblattstadium faserig. Die Stängel sind in jedem Blattstadium bitter, kappen Sie also die Stängel bei der Ernte direkt unter den Blättern.

Varietäten und Farben: Es gibt zwei vorherrschende Arten von Sesamsamen. Die erste ist kleiner und schwarz, die zweite größer und beige oder gelbbraun. Bevorzugen Sie die beigen Samen, da sie rascher keimen, schneller wachsen und besser schmecken.

Hinweis:

- Im Gegensatz zu allen anderen Microgreens behalten Sesamblätter ihre Festigkeit, wenn sie kurz gedünstet oder leicht angebraten werden, und schmecken gegart besser.
- Im Keimblattstadium gehören Sesamblätter zu den schönsten Microgreens; ihre Form erinnert an Blütenblätter.
- Sesam kommt ursprünglich aus Afrika und Indien. Seit Jahrhunderten werden die Blätter und die Samen gleichermaßen wegen ihrer medizinischen Eigenschaften genutzt.

Sibirischer Kohl *(Brassica napus* var. *pabularia)*

Sibirischer Kohl

Einfach anzubauen

Kühle Jahreszeit

Keimung: Sibirischer Kohl keimt in vier Tagen. Er kann sogar bei nur 7 °C keimen, was dann aber acht oder Tage länger dauern kann.

Ernte: Im Laubblattstadium bilden die Blätter die charakteristische Blütenblattform von reifem Sibirischem Kohl aus. Allein wegen seines hübschen Aussehens ist dieses Microgreen es wert, bis zum Laubblattstadium gezogen zu werden.

Geschmack: Grünkohl-Microgreens schmecken ziemlich genau wie reifer Grünkohl, wenn er roh gegessen wird. Kühle Temperaturen verstärken die Süße.

Farben: Bei Kälte werden die Laubblätter tiefgrün und die Keimblätter und Stiele rötlich-violett. Ohne Kälte bleiben die Blätter neutral grün und die Stiele werden nicht rot.

Sonnenblumen *(Helianthus annuus)*

Sonnenblumen

Einfach anzubauen, aber schwierig zum Keimen und Anwurzeln zu bringen

Warme oder heiße Jahreszeit

Einweichen: Weichen Sie Sonnenblumensamen acht bis 12 Stunden ein, um die Keimung um 24 Stunden zu beschleunigen und die Schalen weicher zu machen.

Aussaat: Um die Schalen weicher zu machen, ist es empfehlenswert, die Samen vor der Aussaat in einem Gefäß oder Keimungsbehälter keimen zu lassen.

Keimung: Sonnenblumen keimen mit Einweichen in zwei Tagen und ohne Einweichen in drei Tagen.

Sonnenlicht: Stellen Sie direktes Sonnenlicht zur Verfügung.

Ernte: Ernten Sie im Keimblattstadium. Falls die Laubblätter auszutreten beginnen, ernten Sie sofort.

Geschmack: Sonnenblumen haben einen einzigartigen Geschmack, verlieren aber an Saftigkeit und Aroma, wenn sie bei kühlen Temperaturen gezogen werden.

Varietäten und Farben: Schwarze Sonnenblumensamen, nicht gestreifte, sind vorzuziehen. Schwarz bezieht sich auf die Farbe der Samenschalen, nicht auf die Greens. Sonnenblumen-Greens, die in direkter Sonne gezogen werden, haben tiefgrüne Blätter und sehr kurze Stängel. Greens, die reichlich Sonnenlicht hatten, haben grüne, nicht weiß blanchierte, Stängel.

Hinweis: In Kapitel 8 finden Sie detaillierte Anleitungen zum Ziehen von Sonnenblumen-Greens.

Speisechrysantheme *(Chrysanthemum coronarium)*

Bezeichnung: Dieses Microgreen ist ein Würzkraut aus der fernöstlichen Küche. Im Westen ist es auch unter seiner japanischen Bezeichnung *Shungiku* bekannt.

Einfach anzubauen

Warme Jahreszeit

Keimung: Die Speisechrysantheme keimt in acht bis zehn Tagen bei Temperaturen von 15,5 bis 18 °C.

Geschmack: Zwar handelt es sich um eine Pflanze für die warme Jahreszeit, aber bei über 24 °C wird sie bitter.

Speiserübe *(Brassica rapa* var. *rapa subvar. pabularia)*

Sehr einfach anzubauen

Kühle Jahreszeit, macht sich aber auch gut bei Wärme

Speiserübe

Keimung: Speiserüben keimen in einem Tag bei Temperaturen über 24 °C und machen Rettich Konkurrenz, was das schnelle und einfache Keimen und Wachsen betrifft. Sie können auch bei nur 7 °C keimen, was dann aber eine Woche dauert.

Sonnenlicht: In den warmen Jahreszeiten wachsen Speiserüben besser im Halbschatten, vor allem während der Mittagszeit.

Ernte: Ernten Sie im Keimblattstadium, da Speiserüben-Microgreens im Laubblattstadium oder sogar schon im Keimblattstadium nach zwei Wochen faserig werden.

Varietäten und Farben:

- Die Purple Top Globe-Speiserübe ist für den Microgreen-Anbau *nicht* zu empfehlen. Diese Varietät schmeckt fad im Keim- und unangenehm bitter im Laubblattstadium, und ihr Geschmack hat in keiner Weise etwas mit den Wurzeln gemeinsam, für die sie gewöhnlich angebaut wird. Lassen Sie sich nicht vom günstigen Preis zum Kauf verleiten.
- Die Seven Top-Speiserübe ist eine von mehreren *pabularia*-Unterarten, die empfehlenswert für den Microgreen-Anbau sind. Sie wird nicht wegen ihrer Wurzeln, sondern wegen ihrer Blätter kultiviert, die grün mit rötlichen Adern und Stängeln sind. Das Microgreen schmeckt genau wie die rohe reife Wurzel.

Steckrübe *(Brassica napus)*

Bezeichnung: Die Steckrübe wird auch Kohlrübe genannt.

Einfach anzubauen

Kühle Jahreszeit

Ernte: Das Keimblattstadium der Steckrübe hält sich lange, wahrscheinlich aufgrund von dichtem Bewuchs; wundern Sie sich daher nicht, wenn dieses Microgreen niemals das Laubblattstadium erreicht.

Farben: Die Steckrübe hat rötlich getönte Stängel.

Hinweis: Zu *Brassica napus* gehört auch Raps, der nicht als Microgreen gezogen werden sollte, auch wenn er manchmal auf Listen mit empfehlenswerten Microgreens erscheint. Die Steckrübe schmeckt eher fad, Raps dagegen schmeckt gallebitter.

Weizen *(Triticum aestivum)*

Weizen

Sehr einfach anzubauen

Kühle Jahreszeit

Einweichen: Weichen Sie die Samen acht bis 12 Stunden ein.

Aussaat: Die Samen können Sie vor der Aussaat einen Tag lang in einem Gefäß oder Keimungsbehälter keimen lassen, um sich zu vergewissern, dass die Charge lebensfähig ist.

Keimung: Weizen keimt in ein bis zwei Tagen, nachdem die Samen acht Stunden eingeweicht wurden.

Sonnenlicht: Schützen Sie die Samen vor direkter sommerlicher Mittagssonne.

Varietäten und Farben:

- Harter roter Winterweizen gilt weithin als am besten für den Weizengras-Anbau geeignet, harter roter Frühlingsweizen folgt dicht auf dem zweiten Platz. Rot bezieht sich auf die leichte Tönung der Körner, nicht auf die Farbe des Weizengrases.
- Dinkel *(Triticum aestivum* var. *spelta)* ergibt ein einzigartig schmeckendes Weizengras, das sich zu probieren lohnt.

Hinweis:

- In Kapitel 8 finden Sie detaillierte Anleitungen zum Anbau von Weizengras.
- Zwar lässt sich jedes Vollkorngetreide wie Gerste, Hafer oder Roggen zu Gras kultivieren, aber Weizengras ist am süßesten.
- Anders als Greens, die direkt verzehrt werden, wird Weizengras zum Entsaften angebaut (oder um den Saft durch Kauen zu entziehen).
- Auch Katzen und Hunde mögen Weizengras. Ziehen und servieren Sie es in 500-g-Behältern, um das natürliche Bedürfnis Ihres Haustiers nach frischem Grün zu erfüllen.

Wildbrokkoli *(Brassica rapa* var. *ruva)*

Einfach anzubauen

Kühle Jahreszeit

Wildbrokkoli

Keimung: Wildbrokkoli keimt mit einer hohen Rate, wenn die Temperatur über 24 °C liegt.

Geschmack: Das Keimblattstadium ist senfartig scharf, die Greens werden aber im Laubblattstadium milder.

Hinweis: Wildbrokkoli hat wenig mit Brokkoli gemeinsam und ist mehr wie Pak Choi. Er wächst zu einer angenehm gleichmäßigen Höhe heran und ist im Vergleich zum zerzausten Erscheinungsbild von Brokkoli besonders attraktiv.

Zwiebeln *(Allium)*

Zwiebel

Sehr schwierig anzubauen bei Temperaturen über 15,5 °C

Kühle Jahreszeit

Keimung: Zwiebeln keimen in ein bis zwei Wochen.

Ernte: Zwiebel-Microgreens können drei bis fünf Wochen nach der Aussaat geerntet werden. Die meisten Blätter behalten ihre Schalen, diese sind aber klein und weich genug für den Verzehr.

Geschmack: Zwiebel-Microgreens haben denselben intensiven, scharfen Geschmack wie ihre reifen Pendants, wenn sie roh gegessen werden.

Varietäten und Farben:

- Winterzwiebeln *(Allium fistulosum)* werden auch Lauchzwiebeln genannt.
- Schnittlauch *(Allium schoenoprasum)* hat hohle, röhrenförmige Blätter. Verwechseln Sie ihn nicht mit Knoblauch-Schnittlauch.
- Knoblauch-Schnittlauch *(Allium tuberosum)*, auch Chinesischer Schnittlauch genannt, hat feste, flache Blätter wie Gras. Unter Licht angebaut sind die Blätter normalerweise grün; der kommerziell angebaute weiße oder gelbe Knoblauch-Schnittlauch wird weiß durch das Wachsen im Dunkeln.
- Zwiebeln *(Allium cepa* var. *cepa)* haben hohle, röhrenförmige Blätter, die wie Tannennadeln aussehen.

Hinweis: Während reife Zwiebeln gewöhnlich nur Geruch absondern, wenn Sie angeschnitten werden, haben die Keimlinge einen charakteristischen Geruch, der den gesamten Raum erfüllt, in dem sie gezogen werden.

Sibirischer Kohl

10

Rezepte

Um das Aroma von Microgreens voll und ganz auszukosten, brauchen Sie eigentlich nur ein einziges »Rezept«: Ernten Sie ein Büschel Microgreens, führen Sie es zum Mund und genießen Sie es. Konzentrieren Sie sich auf den Geschmack und die Textur der frischen, puren, unverfälschten Pflanze.

Microgreens sind besser verdaulich, wenn man sie gründlich kaut und sie pur mit nichts anderem dazu isst. Einige Microgreens wie Kresse, Senf und Zwiebeln sind natürlich zu würzig oder scharf, um sie auf diese Weise zu essen. Sie lassen sich mit milderen Greens vermischen oder können wie ein Würzmittel sparsam zu anderen Gerichten gemischt werden.

Für mehr Abwechslung können Sie Microgreens auch wie einen Salat mit einem leichten Dressing genießen oder als gesunde Krönung von Gemüsegerichten servieren. In den folgenden Rezepten finden Sie auch noch weitere Ideen, etwa Microgreens in Vorspeisen zu integrieren oder in gekochte, leicht abgekühlte Gerichte einzurühren, wo sie zwar welken, aber ganz bleiben.

Linke Seite: Süßes Thai-Basilikum, Rotes Basilikum und Süßes Basilikum

Allgemein sollten Microgreens nicht gekocht werden; eine Ausnahme bilden Erbsen-Greens und Sesam-Microgreens. Sie halten Hitze stand, und ihr Geschmack verbessert sich sogar noch beim Kochen. Andere Microgreens hingegen verderben beim Kochen, denken Sie also daran, wenn Sie in der Küche gerne kreativ sind.

HINWEIS: In den folgenden Rezepten entsprechen 118 ml Microgreens, locker bemessen, in etwa dem Ertrag eines 500-g-Behälters.

Fenchel-Reiskugeln

Der erdige Geschmack von Naturreis passt perfekt zu Fenchel-Microgreens in diesem erstaunlich köstlichen Gericht. Durch Einweichen beginnt der Reis zu keimen, was seinen Nährwert erhöht und ihn verdaulicher macht. Servieren Sie die Reiskugeln zusammen mit Ihrer bevorzugten süßen oder salzigen Dip-Sauce.

4 Portionen

591 ml **Wasser**
237 ml **Rundkorn-Naturreis** oder **süßer Naturreis**
118 ml **Fenchel-Microgreens,** im Keimblattstadium geerntet, locker bemessen
3 TL **Chiasamen** (optional; siehe Hinweis)
3 EL **schwarze Sesamsamen**

Wasser und Naturreis in einen mittelgroßen Topf geben und 12 Stunden bei Raumtemperatur einweichen; nicht abgießen. Bei starker Hitze aufkochen. Auf schwache Hitze herunterschalten, abdecken und 40 Minuten köcheln lassen, bis der Reis alles Wasser aufgenommen hat und gar ist. Mit einer Gabel auflockern und in eine mittelgroße Schüssel füllen. So weit abkühlen lassen, dass man ihn mit bloßen Händen berühren kann, er aber noch warm ist.

Die Microgreens durch Abschneiden direkt unter der Verbindungsstelle der beiden Blätter ernten. Die Microgreens hacken oder würfeln.

Zur Herstellung der Reiskugeln die Microgreens in den warmen Reis einrühren, bis die Greens leicht welk sind. Optional Chiasamen einrühren, um eine festere Kugel zu erhalten. Etwa 2 leicht gehäufte EL der Mischung abnehmen und zwischen den Handflächen zu einer etwa 4 cm dicken Kugel formen. Mit der übrigen Mischung wiederholen. Wenn Sie Chiasamen hinzugegeben haben, die Kugeln zehn Minuten ziehen lassen, damit sie fest werden.

Die Sesamsamen auf einen Teller geben. Jede Reiskugel in den Samen rollen, bis sie damit überzogen ist.

Die Kugeln auf einen großen Teller geben und etwa eine Stunde kühlstellen, bis sie fest sind. Gekühlt servieren.

Hinweis: Wenn Sie süßen Naturreis verwenden möchten, brauchen Sie keine Chiasamen hinzuzugeben, weil diese Art von Reis von Natur aus fest und klebrig ist. Wenn Sie Rundkornnaturreis verwenden, machen Chiasamen die Reiskugeln fester, so dass sie ihre Form besser halten.

Gedünstete Erbsen-Greens mit Paprika

Rotes Gemüse ergänzt auf wunderschöne Weise das lebhafte Grün der meisten Microgreens. Beim Kochen verlieren jedoch viele rote Gemüsesorten ihre leuchtende Farbe – nicht aber Paprika, die in diesem einfachen, aber ansprechenden Gericht das Auge erfreut.

4 Portionen

2 kleine **rote Paprika,** entstielt, entkernt und in Stücke geschnitten

2 EL **Kokosöl**

ca. 1 l **Erbsen-Greens,** locker bemessen (siehe Hinweis)

Paprika und Öl in einen Wok oder eine große Pfanne geben. Bei starker Hitze abdecken, bis die Paprika zart, aber noch knackig sind. Erbsen-Greens einrühren und unter häufigem Rühren ein bis zwei Minuten kochen. Sofort servieren.

Hinweis: Etwa 1 l Erbsen-Greens, locker bemessen, sind der ungefähre Ertrag von zwei 500-g-Behältern nach zwei Wochen.

Microgreen-Medley

Dieser farbenfrohe Salat stellt das Tiefgrün von Pak Choi, das Gelbgrün von Chinakohl und das Rot von Radieschen und Sibirischem Kohl eindrucksvoll zur Schau. Als Pflanzen der kühlen Jahreszeit gedeihen sie unter denselben Anbaubedingungen und ergeben einen pikanten Wintersalat. Je kühler die Temperatur, desto dunkler und leuchtender werden die Microgreens des Sibirischen Kohls. Servieren Sie dieses Medley mit Ihrer Lieblingsvinaigrette, um die Aromen zu harmonisieren.

4 Portionen

237 ml **Pak Choi-Microgreens,** im Keimblattstadium geerntet, locker bemessen

237 ml **Endivien-Microgreens,** im Laubblattstadium geerntet, locker bemessen

237 ml **Chinakohl-Microgreens,** im Keimblattstadium geerntet, locker bemessen

237 ml **Radieschen-Microgreens,** im Keimblattstadium geerntet, locker bemessen

355 ml **Sibirischer-Kohl-Microgreens,** im Laubblattstadium geerntet, locker bemessen

Alle Microgreens in eine große Schüssel geben. Sanft schütteln. Sofort servieren.

Kartoffeln mit Greens

Gekochte Kartoffeln mit Rüben sind eine köstliche Kombination, und dasselbe lässt sich auch von Kartoffeln mit Rüben-Greens sagen. Da Rüben und Mangold sehr eng verwandt sind, können in diesem Rezept entweder Mangold- oder Rüben-Microgreens verwendet werden. Und stellen Sie sich die Fingerling-Kartoffeln einfach als »Micro«-Kartoffeln vor!

4 Portionen

16-20 **Fingerling-Kartoffeln**
2 TL **getrockneter Dill, getrocknetes Basilikum** oder **getrocknete Petersilie**
59 ml **Hanföl** oder **Leinöl**
237 ml **Roter-Schweizer-Mangold-Microgreens** oder **Rote-Bete-Microgreens**, locker bemessen

Backofen auf 175 °C vorheizen. Backblech leicht einölen.

Kartoffeln auf das vorbereitete Backblech geben und etwa 50 Minuten backen, bis sie gebräunt sind. So weit abkühlen lassen, dass man sie mit bloßen Händen berühren kann. Kartoffeln halbieren oder vierteln. Mit Dill bestreuen und mit Öl beträufeln, dann sanft schütteln. Microgreens hinzugeben und ein- oder zweimal sanft schütteln, so dass die meisten Greens oben auf den Kartoffeln bleiben.

Glossar

Brassica. *Brassica* ist eine Pflanzengattung der Familie der Senfpflanzen, zu der Brokkoli, Kopfkohl und Grünkohl zählen. Viele als Microgreens gezogene Arten gehören dieser großen Gattung an.

Chlorophyll. Chlorophyll ist der grüne Pflanzenfarbstoff, der an der Photosynthese beteiligt ist und Kennzeichen gesunder Microgreens ist.

Hydrokultur. Die Methode zum Anbau von Pflanzen in Nährlösungen (Düngemittel und Wasser) anstelle von Erde wird Hydrokultur genannt. Abwandlungen der grundlegenden Hydrokultur-Methode sind unter anderem Aeroponik (konstantes Einnebeln), Bioponik (Unterwasser-Aquaponik für Pflanzen) und Vermiponics (Systeme, die Komposttee und Wurmausscheidungen nutzen).

Keimwurzel. Die Keimwurzel ist die embryonale Keimlingswurzel, die austritt, wenn ein Samen keimt.

Keimblattstadium. Das Keimblattstadium ist das Stadium, in dem die erste Blattgruppe (Keimblätter) an einem Keimling sichtbar wird.

Keimblätter. Keimblätter sind die erste austretende paarige Blattgruppe. Keimblätter werden auch als Kotyledonen bezeichnet.

Kotyledonen. Siehe »Keimblätter«.

Laubblätter. Laubblätter sind die zweite austretende paarige Blattgruppe. Der Name bezieht sich darauf, dass die Pflanzen in diesem Stadium beginnen, ihre Laubeigenschaften zu zeigen.

Laubblattstadium. Das Laubblattstadium ist das Stadium, in dem die zweite Blattgruppe (Laubblätter) an einem Keimling sichtbar wird.

Photosynthese. Die Photosynthese ist ein Prozess, der in Grünpflanzen stattfindet und Licht in Pflanzenmaterial umwandelt.

pH-Wert. Als Maß für den sauren oder alkalischen Charakter einer Lösung wird der pH-Wert mit einer numerischen Skala angegeben, auf der 7 Neutralität, niedrigere Zahlen Säure und höhere Zahlen Alkalität bedeuten.

Phytonährstoffe. Phytonährstoffe sind aus Pflanzen gewonnene Verbindungen, die einen gesundheitlichen Nutzen haben.

Polyethylen. Polyethylen ist eine leichte Kunststoffsorte, die in Lebensmittelverpackungen eingesetzt wird. Einige Formen (Polyethylenterephthalat, PET, PETE) sind weniger stabil und migrieren unter bestimmten Bedingungen eher in Lebensmittel als andere (Polyethylen hoher Dichte, HDPE).

Schleimbildend. Saatgut, das beim Befeuchten klebrig wird oder klebrige Sekrete bildet, wird als schleimbildend bezeichnet.

Varietät. Spezifische Sorten einer Kulturpflanzenart werden Varietäten genannt.

Index

Wissenschaftliche Pflanzenbezeichnungen und Rezeptnamen sind kursiv gedruckt.

C

D

E

F

G

H

I

J

K

L

M

N

O

P

R

S

T

U

V

W

Y

Z

Über den Autor

MARK MATHEW BRAUNSTEIN ernährt sich seit 1977 vegan und rundet seine Ernährung durch selbst gezogene Microgreens und Sprossen ab. Seine Artikel über den Anbau von Microgreens und Sprossen sind in *Natural Health*, *Vegetarian Times*, *Healing Our World* und anderen Medien erschienen. Mark lebt im Connecticut College Arboretum. Mehr zum Thema Sprossen und Microgreens findet sich auch zum Download auf MarkBraunstein.org.

Weiterführende Informationen zu
Büchern, Autoren und den Aktivitäten
des Silberschnur Verlages erhalten Sie unter:
www.silberschnur.de

Natürlich können Sie uns auch gerne den
Antwort-Coupon aus dem beiliegenden
Lesezeichenflyer zusenden.

Ihr Interesse wird belohnt!

256 Seiten, broschiert
ISBN 978-3-89845-353-0
€ [D] 16,90

Ellen Vande Visse

Der spirituelle Garten

Wie Naturgeister uns helfen

Ellen Vande Visse lädt Sie ein, harmonisch mit dem Naturreich zusammenzuarbeiten. Unterhaltsame Erzählungen erläutern Schritt für Schritt, was Sie tun können, um gemeinsam mit der Natur zu gärtnern und mit den Elementarwesen zu kommunizieren – vollkommen unabhängig davon, ob Sie medial veranlagt sind oder nicht.
Der spirituelle Garten lehrt uns, mit den Pflanzen als Lebewesen zusammenzuarbeiten. Ein Buch uber außergewöhnliches Gärtnern, das Sie bis zur letzten Seite nicht mehr aus der Hand legen werden.

192 Seiten, broschiert
ISBN 978-3-89845-427-8
€ [D] 12,95

Bettina Schmidt

Der spirituelle Kräutergarten

Wesen und Seele unserer Heilpflanzen

Kräuter, die uns guttun
Die Heilpraktikerin Bettina Schmidt offenbart uns die magischen, kulinarischen und medizinischen Eigenschaften der Kräuter. Sie ermuntert uns dazu, einen Kräutergarten anzulegen und hilft uns bei der Planung und Durchführung.
Lernen Sie die positiven Eigenschaften der Kräuter kennen und erfahren Sie, wie Sie diese einsetzen. Viele Rezeptvorschläge für das Kochen mit Kräutern machen Lust auf die frische Kräuterküche. Praktische Anwendungsmöglichkeiten bei Erkrankungen helfen Ihnen, eine wirkungsvolle Hausapotheke zu schaffen.

144 Seiten, mit Farbteil, broschiert
ISBN 978-3-89845-624-1
€ [D] 12,00

Ewgenij Titow

Die Sibirische Zeder

Die »Königin der Taiga« und die Kostbarkeiten der Zedernnüsse

In diesem Ratgeber zeichnet der Autor ein umfassendes Bild der »Königin der Taiga« und beschreibt anschaulich die verschiedenen Arten, das breite Spektrum an heilenden Wirkungen in den Nüssen, den Nadeln, dem Harz, dem Holz und den ätherischen Ölen und originelle Landschaftsgestaltungen mit der Zeder. So macht er Lust darauf, die majestätischen Bäume auch im eigenen Garten anzusiedeln.
Ein umfangreiches, lehrreiches und auf dem deutschen Markt einzigartiges Kompendium für alle, die mehr über den alten Kultbaum Russlands erfahren möchten.

160 Seiten, broschiert
ISBN 978-3-89845-564-0
€ [D] 6,95

Sigmund Schuster

Achtsame Ernährung

Wie man sich bewusst ernährt

Was macht eine gesunde Ernährungsweise wirklich aus? Machen wir uns heute überhaupt noch bewusst, wo unsere Nahrung herkommt, wie sie hergestellt wird und was wir eigentlich essen?
Sigmund Schuster schärft mit diesem Buch unsere Sinne für eine achtsamere Art des Essens, denn Nahrungsmittel sind mehr als bloße Energielieferanten für unseren Körper. Sie haben auch einen mittelbaren Einfluss auf Seele, Gemüt und Denkweise.
Unsere Nahrung kann uns heilen oder krank machen – denn du bist, was du isst.

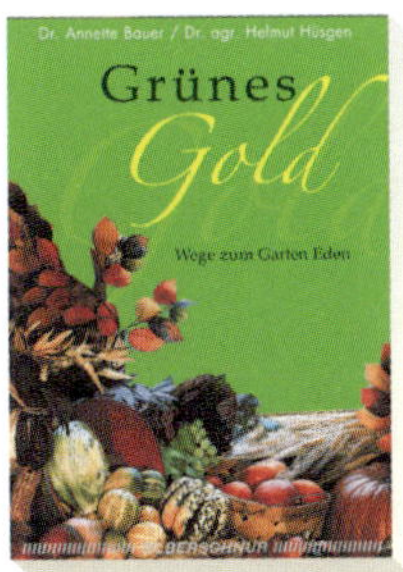

128 Seiten, broschiert
ISBN 978-3-89845-160-4
€ [D] 14,90

Dr. Annette Bauer & Dr. Helmut Hüsgen

Grünes Gold

Wege zum Garten Eden

Seit einigen Jahre beginnt die Phase der Rückbesinnung auf das Ideal der Selbstversorgung angesichts einer bewusst oder unbewusst durch Konsum manipulierten Gesellschaft – und heute besitzt jeder zweite Haushalt in Deutschland einen Garten. Gerade für diesen Leserkreis ist dieses intelligente und wenig klassische Garten-Buch geschrieben, denn es verbindet ein praktisches Gartenverständnis mit einem ökologisch wohl temperierten Informationshintergrund.

336 Seiten, broschiert
ISBN 978-3-89845-327-1
€ [D] 16,90

Ruth Alice Kosnick

Frei von Zuckersucht

Ein 10-Schritte-Programm

Worin besteht der Unterschied zwischen Naschen und zwanghaftem Essverhalten? Wann fängt die Sucht an, und wie lernt man, aus diesem Teufelskreis auszusteigen?
Mithilfe des inneren Mentors und durch ein geführtes Programm, bei dem Selbsterfahrung und Bewusstwerdung im Mittelpunkt stehen, hat die Autorin einen Weg der Selbstheilung entwickelt, der essenziell ist für alle, die sich von psychisch-seelischen Abhängigkeiten befreien wollen. Dieser neue Ansatz beleuchtet das Thema Kontrollverlust zum ersten Mal aus ganzheitlicher Perspektive.
Der Kontakt zum inneren Mentor kann so zu mehr Klarheit und Heilung führen.

168 Seiten, broschiert
ISBN 978-3-930243-67-9
€ [D] 9,95

Victoria Boutenko

Rohkost und mehr

Wie Omega-3 Ihr Wohlbefinden steigert

Drei Pioniere der Rohkostbewegung haben ihre Ernährung vor dem Hintergrund jüngster wissenschaftlicher Erkenntnisse kritisch überprüft. Wie sie feststellen mussten, trägt es zu mehr Ausgewogenheit bei, wenn die Rohkost gelegentlich durch etwas gekochte oder gedünstete Nahrung ergänzt wird. So können z. B. Kartoffeln, Hülsenfrüchte oder Brokkoli genossen werden. Das Buch enthält 100 leckere Rezepte, reich an Omega-3.

304 Seiten, gebunden
ISBN 978-3-930243-52-5
€ [D] 17,70

Andreas Ulmicher & Achim Ginschel

Power Food für die Psyche

So essen Sie richtig bei Stress und Burnout

Dies ist ein Buch für Menschen, die unter Stress, Depressionen oder Burnout-Syndrom leiden oder von innerer Unruhe getrieben sind. Für sie hat der Heilpraktiker Andreas Ulmicher ein vom amerikanischen Metabolic Typing abgeleitetes Ernährungsprogramm entwickelt, das Ungleichgewichte im Stoffwechsel und dessen Auswirkungen auf die physische und psychische Verfassung abmildern oder ausgleichen kann. Detaillierte Tests ermitteln den individuellen Stresstyp, für den der Autor ausgiebige Ernährungstipps gibt, ergänzt durch den Rezeptteil, den der leidenschaftliche Hobby-Koch Armin Ginschel zusammengestellt hat.

Vorgestellt werden auch Gerichte für Eilige, die sich schnell zubereiten lassen und dabei gesund sind.